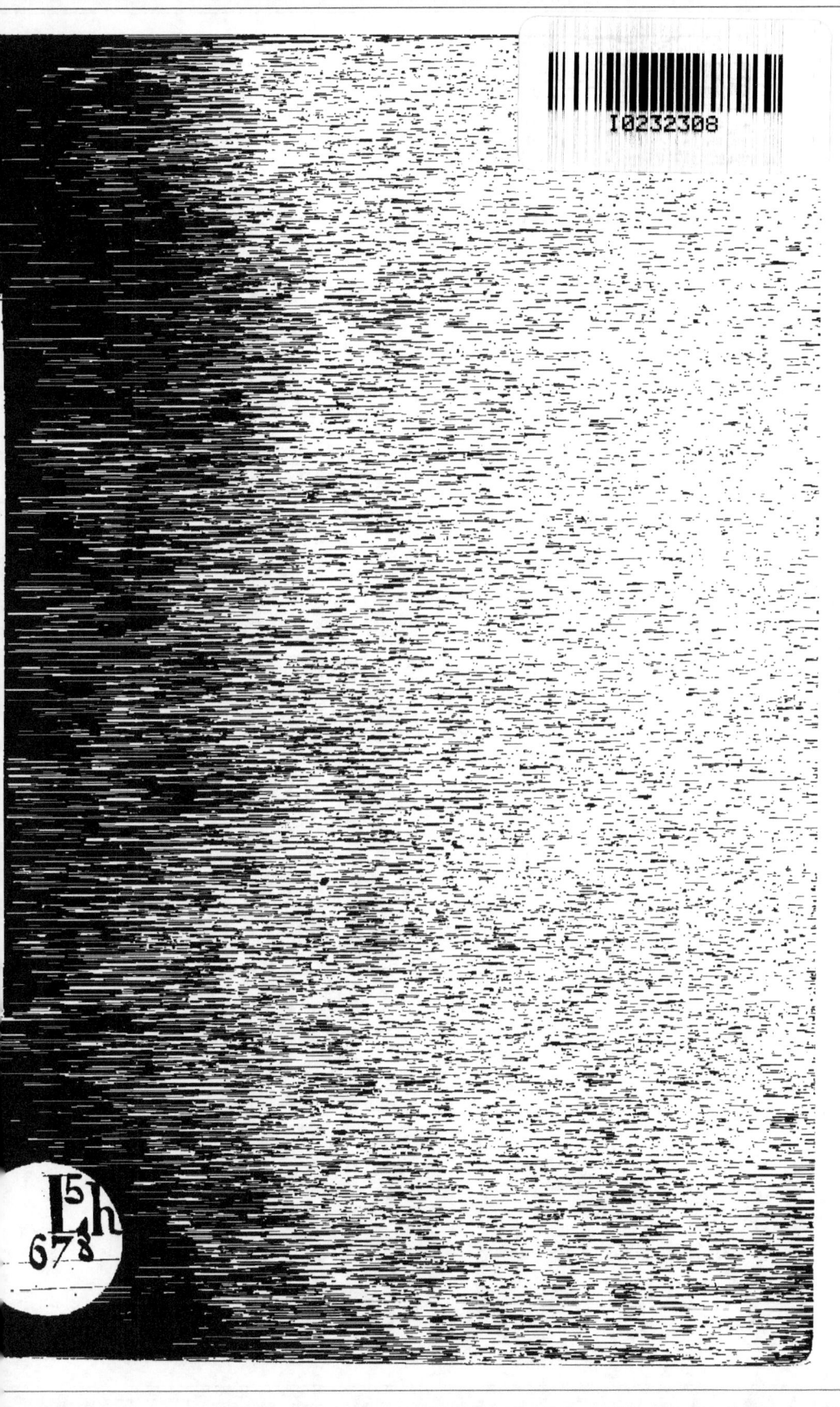

BATAILLE

DE

BEAUNE-LA-ROLANDE

Le 28 novembre 1870,

ET

Récits sommaires des faits de l'occupation allemande dans les communes du canton de Beaune-la-Rolande, pendant la guerre de 1870-1871,

Par M. MAROTTE

DE BEAUNE-LA-ROLANDE

Prix : 1 fr. 50 cent.

A Paris, chez DENTU, Libraire-Éditeur, galerie d'Orléans
Et chez les principaux Libraires du département du Loiret.

1871

COMBAT DU 20 NOVEMBRE

ET

BATAILLE DU 28 NOVEMBRE 1870

SOUS LES MURS DE BEAUNE-LA-ROLANDE

1er Novembre 1871.

Depuis plus de neuf mois nous avions réuni presque tous les documents que nous livrons aujourd'hui à la publicité et que nous aurions été heureux de confier à un historien qui eut bien voulu prêter sa plume, plus autorisée que la nôtre, à retracer pour nos descendants les cruelles épreuves auxquelles nous ont soumis les Allemands, ces nouveaux Huns, comme les nomme si justement notre illustre évêque, et qui n'ont laissé parmi nos malheureuses populations du Gâtinais, qu'une impression de dégoût et d'horreur.

Tel est le motif qui nous engage à donner une publicité un peu tardive à cette brochure.

Au milieu des cruelles épreuves que la guerre de 1870 est venu apporter au département du Loiret, le canton de Beaune-la-Rolande n'a pas été épargné. Les hordes prussiennes ont pénétré dans la presque totalité des communes qui le composent; et partout la ruine, la dévastation, le pillage, l'incendie, les violences contre les personnes et même l'assassinat.

ont marqué d'une trace sanglante le passage de l'ennemi. Derrière ses colonnes, on cherche vainement, au milieu de mille horreurs, un trait de générosité ou de grandeur d'âme qui justifie les prétentions civilisatrices affichées si insolemment par les généraux allemands à leur entrée en France. Quoiqu'ils aient dit, il n'ont pu tromper personne, et cette guerre de France, si fructueuse d'ailleurs pour leurs intérêts, a bien peu ajouté aux pages de gloire que prétend revendiquer l'Allemagne. Dans le canton de Beaune-la-Rolande, comme ailleurs, l'impression qu'on avait de ce peuple s'est singulièrement modifiée; et ces rêveurs et ces philosophes nous ont prouvé que chez eux les traditions des Huns étaient encore les plus vivantes. Si leur cruauté a laissé dans le Gâtinais des traces qui ne s'effaceront jamais, leur courage n'est pas de nature à les réhabiliter : mille exemples pourraient facilement l'établir. Lâches et cruels, c'est là leur devise; et elle leur restera désormais comme un stigmate éternel. C'est pour notre pauvre Patrie la première vengeance, en attendant celle que ses enfants lui préparent dans l'avenir. Notre France, un peu légère peut-être, mais si chevaleresque et si généreuse a senti, elle aussi, la haine, et l'Allemagne en subira un jour rudement les effets. Vienne la revanche, l'appel au patriotisme de la nation trouvera de l'écho dans notre petit coin de terre; et la jeunesse de nos communes ne sera pas la dernière à reprendre les armes qu'elle a si fièrement portées au siège de Paris ou dans l'armée de la Loire.

Il n'est pas, nous le croyons, sans utilité de retracer aussi fidèlement que possible les tristes scènes dont notre pays a été le témoin et la victime; non pas que dans l'âme de ceux qui ont combattu le souvenir puisse s'en effacer jamais, mais pour les enfants d'aujourd'hui qui deviendront plus tard les soldats de la France, chargés de venger leurs pères, il importe qu'un récit écrit leur rappelle constamment les procédés sauvages de l'ennemi, et les rende implacables et sans pitié, lorsque l'heure d'en demander compte aura sonné.

Sans doute une plume éloquente écrira un jour cette histoire, dans laquelle chaque épisode sera un soufflet pour l'Allemagne; pour nous, nous avons voulu rassembler, alors qu'ils sont vivants encore, les souvenirs des habitants, afin d'offrir des matériaux certains à l'historien qui voudra en faire usage. Nous raconterons donc sobrement les faits qui sont de notoriété publique et qui seraient attestés au besoin par la population.

A la suite des premiers revers de la France, toute la jeunesse du département avait été incorporée à la garde mobile, et celle du canton de Beaune-la-Rolande était, dès le 9 septembre, envoyée à Paris pour y concourir à sa défense. Il ne restait donc plus dans nos communes que les pères de famille ou les enfants qui n'étaient pas encore en âge de porter les armes.

L'armée prussienne, après avoir investi Paris, s'était avancée au Sud dans la direction d'Orléans et occupait Pithiviers; elle n'allait pas au delà de ce dernier point et le canton de Beaune vit s'écouler bien des jours avant d'apercevoir un uniforme prussien. On redoutait toutefois ses coureurs, et chacun se rappelait, avec une vive indignation, les singulières facilités qu'avaient souvent trouvées cinq ou six uhlans, à peine, pour s'emparer de quelques unes de nos grandes villes de l'Est. Bien que l'esprit militaire sommeille un peu parmi elles, nos populations avaient condamné avec énergie une semblable faiblesse, et d'ailleurs l'héroïque et à jamais admirable population de Châteaudun avait relevé tous les courages en donnant l'exemple. On s'était donc fermement résolu à ne pas laisser impunément les maraudeurs ennemis s'approcher de nos villages, et à répondre par des coups de fusils à leurs insolences. Telles étaient les dispositions du sentiment public, lorsque parut le décret qui organisait partout la garde nationale. Ce décret trouva à Beaune un accueil enthousiaste, et bientôt toute la population virile fit partie de cette milice. Sous la direction d'anciens soldats qui avaient pris place dans ses rangs, elle reçut rapidement un commencement d'instruction et se trouva bientôt en mesure de rendre d'utiles services. Malheureusement, et sous l'influence d'hommes incapables ou ambitieux, ces sages dispositions devaient être complètement modifiées, et la population allait se trouver exposée aux plus graves dangers.

Le gouvernement de la défense nationale, dès le premier jour de son installation, avait envoyé dans tous les départements des hommes chargés d'organiser et d'activer la défense. La pensée était excellente, mais l'application en devait être exécrable. Aucun contrôle n'avait présidé au choix des hommes, et celui qui fut envoyé dans l'arrondissement de Pithiviers montra bientôt, avec une incapacité désolante et déplorable, une imprudence qui devait tout compromettre. Chassé de Pithiviers par l'invasion allemande, le lieutenant colonel chargé du commandement absolu des deux arrondissements de Pithiviers et de Montargis s'installa à Beaune-la-Rolande. Il se mit bientôt en relations avec un personnage remuant de cette dernière ville, complètement étranger à l'art militaire, et déjà déconsidéré par une suite d'extravagances.

Dans les malheurs de la Patrie, il ne vit qu'une occasion de se grandir, et il se promit d'en profiter. Il accepta avec ardeur les ouvertures du commandant supérieur de l'arrondissement, et dès lors les préparatifs de résistance dont Beaune-la-Rolande était le centre se transformèrent immédiatement. Nommé, grâce à ses intrigues, capitaine d'une des compagnies de la garde nationale créées à Beaune, le personnage dont nous parlons se rend à Tours, auprès du Gouvernement ; il en obtient sa nomination comme Commandant supérieur et le 31 octobre, le ministre Gambetta le nomme Chef de Bataillon Commandant les Gardes nationales mobilisées de Beaune et de Bellegarde (1). Il revient avec son titre et des armes, qu'à peine arrivé à son poste il commence par faire enfouir, au lieu de les distribuer, sur le simple soupçon d'une incursion de l'ennemi. Grâce à l'énergique réclamation des gardes nationaux placés sous ses ordres, on les exhume, et la distribution en est opérée : alors commencent les folies. Il prescrit à ses troupes d'inutiles courses dans une partie de la forêt d'Orléans qui n'était nullement menacée ; il ne prend même pas le soin élémentaire d'assurer la direction et la subsistance des soldats qu'il commande. Dans ces marches militaires, il n'est jamais à la tête de sa troupe, qui erre à l'aventure, sans vivres et sans munitions, s'égare du côté de l'ennemi, court le risque de se faire prendre cent fois, sans coup férir, puis, quand ces soldats, découragés par tant d'ineptie et d'incurie, reviennent au chef-lieu de canton, manifestant leur sentiment par d'énergiques réprobations, il ne trouve d'autre moyen, pour reconquérir leur confiance, que de leur lire les articles du Code militaire qui punissent de mort les cris séditieux. Cependant, il sent que sa responsabilité est compromise, il veut frapper un coup, et se rend à Pithiviers momentanément évacué par l'ennemi, s'embusque à la gare, et accueille à coups de fusils cinq soldats allemands sans défense qui, sur la foi d'une convention tacite, venaient chaque jour au chef-lieu de l'arrondissement visiter les malades qu'ils y avaient laissés. Cette ridicule équipée n'a d'autres résultats que de blesser un cheval qui, ramené à Pithiviers, y est abattu, et dont une cuisse, rapportée à grand bruit à Beaune-la-Rolande, est dépecée en plusieurs lots tirés au sort entre les héros de ce haut fait d'armes. On voulait imiter les anciens triomphateurs

---

(1) Le canton de Bellegarde, à l'exception de Ladon et la plus grande partie des communes du canton de Beaune-la-Rolande, refusèrent de reconnaître son autorité.

qui se partageaient, après la bataille, les dépouilles opimes de l'ennemi vaincu.

Il n'est pas sans intérêt d'ajouter que les cinq uhlans, sans tirer le moindre coup de fusil, rebroussèrent chemin vers leur camp, pendant que le chef de cette expédition hardie se mettait à l'abri du danger qu'il pouvait courir, dans un certain réduit où il escomptait par avance les effets de son courage.

Sur le rapport adressé à Tours à l'occasion de ce *combat*, est intervenu un décret qui décerne une mention honorable à MM. Guillot, de la Brière, Pignot, et Eugène Durand.

Dès ce jour, les gardes nationaux réguliers de Beaune, transformés en francs-tireurs, étaient désignés officiellement à la rancune de l'ennemi qui ne devait pas faire attendre longtemps sa vengeance.

Le temps s'écoulait; la première quinzaine de novembre s'était passée, et la ville de Beaune allait enfin se trouver dans une situation critique. Les troupes prussiennes, attirées constamment vers l'ouest par l'armée de la Loire, ne l'avaient jamais menacée directement; mais l'armée du prince Frédéric-Charles, maîtresse de Metz, marchait pour soutenir le général Von der Thann, après la sanglante défaite de Coulmiers. Les colonnes ennemies, dans leur marche oblique depuis Metz jusqu'à Orléans, devaient côtoyer la ville de Beaune, et la pensée devait venir aux généraux allemands, de châtier sur elle les fanfaronnades de son commandant. Déjà, le 18 novembre, quelques uhlans avaient paru à l'entrée de la ville, mais le brave capitaine Thiercelin, qui veillait sur ce point, aidé de quelques hommes seulement, se porta vaillamment au devant d'eux et leur prouva, par une chaude réception, que la population entendait se défendre. Le soir et le lendemain, les habitants purent suivre, aux lueurs des incendies qu'elles allumaient, les colonnes allemandes dans leur marche.

Le 19, dans la prévision d'une attaque qui paraissait imminente, huit cents gardes nationaux appartenant à plusieurs communes du canton et à celle de Ladon, canton de Bellegarde, s'étaient réunis pour la défense de la ville ; une circonstance toute fortuite les fit renvoyer et il ne resta plus que les gardes nationales de Beaune, St-Loup, Montbarrois et Boiscommun.

Enfin, le 20 novembre au matin, une colonne allemande se dirigea directement sur Beaune, et le moment fut arrivé où le commandant devait montrer sa capacité et sa valeur.

La population, elle, n'hésita pas ; calme et fière, elle attendit l'ennemi, décidée à lui disputer énergiquement l'entrée de la ville et à lui prouver que, malgré nos désastres, le sentiment patriotique n'était pas mort encore. Toutes les dispositions furent prises par les braves capitaines Proust, Thiercelin et Jalef. Le commandant ne parut point ; enfermé dans une maison où les projectiles ne pouvaient l'atteindre, il poursuivait sa correspondance.

Du côté où se présentait l'ennemi, on rencontre le cimetière dont les murs n'avaient même pas été crénelés. Les gardes nationaux toutefois s'y embusquèrent et la fusillade s'engagea. Nos braves habitants tiraient à découvert par dessus les murs, et les tirailleurs ennemis ne parvinrent pas à les déloger. Le colonel prussien qui attaquait la ville, désespérant de la forcer avec le secours de ses fusils, la fit canonner. Au premier obus, on vit le commandant de la garde nationale, sans donner le signal de la retraite, sans rallier ses hommes, s'enfuir affolé de terreur, accompagné d'ailleurs du lieutenant-colonel, et criant : « Sauvez-vous, sauvez-vous, Beaune dans quelques minutes va être réduit en cendres. »

Malgré cette fuite, la garde nationale resta ferme à son poste, les coups de fusil répondaient aux coups de canon et le bombardement continuait. L'ennemi prit alors ses dispositions pour envelopper la ville; devant cette menace, la garde nationale évacua les postes qu'elle occupait et la retraite se fit en désordre, en l'absence du chef qui devait diriger ce mouvement. Elle s'opéra du côté de St-Loup; le capitaine Proust avait gardé près de lui quelques hommes à l'arrière garde pour contenir l'ennemi s'il devaient trop audacieux, et de leur côté les gardes nationaux de Boiscommun, groupés ensemble, se retiraient à petits pas, tenant tête à l'ennemi, se retournant fièrement quand il était trop pressant, et balayant avec leurs balles le terrain derrière eux. Tous échappèrent à l'ennemi, et quelques-uns ayant poussé jusqu'à Bellegarde, y retrouvèrent le commandant déguisé d'une manière grotesque et qui, après son odyssée, n'avait vu s'évanouir sa terreur que lorsqu'il eut mis entre l'ennemi et lui une distance de dix kilomètres.

Après cette retraite des défenseurs de Beaune, les Prussiens y avaient pénétré. Furieux de cette résistance inattendue et dont ils n'avaient pas soupçonné l'énergie, ils paraissaient disposés à se laisser aller à leurs appétits de cruauté, lorsqu'une circonstance imprévue les força de se retirer. Le général Cathelineau, inquiet de cette canonnade et des conséquences qu'elle pouvait amener, attaqua vigoureusement l'ennemi auprès de Naucray; et le corps qui était près Beaune rétrograda en toute hâte pour éviter d'être coupé et pris si cette attaque réussissait.

Quelques jours après, le commandant était revenu de sa terreur et on lisait au *Moniteur universel* du 29 novembre le rapport suivant :

(*Moniteur* du 29 novembre.)

Combat de Beaune-la-Rolande.

« Vendredi 18 novembre, vers la pointe du jour, une forte reconnaissance de cuirassiers prussiens s'avança jusqu'à la porte de Beaune, surprenant la petite garnison de mobilisés, dont l'unique poste était sur la place de la ville.

« Quelques hommes sautèrent sur leurs fusils et repoussèrent les cavaliers, en leur blessant quelques chevaux. Une patrouille, passant dans le hameau de Romainville, attaqua ces mêmes cavaliers en fuite et leur tua deux hommes. Aussitôt on sonna le tocsin, et tous les mobilisés répandus dans les environs arrivèrent au secours de la ville, qui se barricada, attendant une vive attaque de la part de l'ennemi. Toute la journée, des reconnaissances tournèrent autour de la ville sans oser s'en approcher à plus de 1,500 mètres.

« Le samedi matin, 19, nouvelle attaque par de la cavalerie, également repoussée. Ce même jour, le conseil de révision devait se tenir au canton.

« Tous les mobilisés, depuis le chef — le colonel Guillot — jusqu'au dernier soldat, résolurent de défendre l'entrée de la ville et de tenir jusqu'à l'entier accomplissement du conseil.

« 1,000 mobilisés furent réunis à cet effet, et, malgré les reconnaissances prussiennes, qui venaient échanger des coups de fusil en avant des barricades, la ville tint bon.

« Des incendies éclataient dans toutes les directions, et l'on avait la certitude que de malheureux mobilisés avaient été pris, défendant la gare de Beaune-la-Rolande, puis maltraités et même *mutilés*.

« Le soir du 19, deux camps prussiens furent installés, l'un à Barville, à 4 kilomètres de la ville, l'autre sous Auxy, à la même distance.

« La ville se tint toute la nuit sous les armes.

« Le 20, vers une heure du matin, le commandant, qui avait été appelé auprès de Cathelineau sous les ordres duquel il se trouvait directement placé, avait pu juger du courage de sa troupe, mais aussi de son insuffisance en présence de 15,000 ennemis répandus entre Pithiviers et Beaune-la-Rolande.

« Rentré à Beaune-la-Rolande, il communique à la garnison qu'il n'y avait plus qu'à remplir son devoir sans compter sur aucun secours.

« Un poste considérable s'établit dans le cimetière, un autre à la barricade de la rue de Puiseaux, et un troisième au Four-à-Chaux. Vers 7 heures, l'ennemi attaqua ; repoussé à coups de fusil, il fit avancer une ligne de tirailleurs pour tâter la solidité de la défense. Ces tirailleurs repoussés avec pertes se réfugièrent dans les bois du *fief* à 1500 mètres de la ville.

« A partir de ce moment, les éclaireurs mobilisés signalèrent un corps considérable : infanterie, cavalerie et artillerie, qui semblait se diriger sur Nancray en passant par le chemin Chaussée.

« Comprenant le danger qui était réservé à Cathelineau qu'on ne pouvait prévenir, le colonel commandant Beaune résolut d'attirer l'ennemi à lui.

« Des coups de feu bien portés agaçant l'ennemi à la distance de 1,000 mètres, le prince Frédéric-Charles, qui se trouvait là de sa personne, mit quelques pièces en batterie sur le chemin Chaussée et appuyé par environ 1,500 hommes d'infanterie, attaqua vigoureusement vers 10 heures et demie. A 11 heures moins le quart, son artillerie battait la ville sur laquelle éclatèrent 47 obus. Vers midi, la garnison, que des circonstances impérieuses avaient réduite à 500 hommes renonça à la défense et se replia *avec plus ou moins d'ordre* sur Saint-Loup-les-Vignes et Boiscommun et de là dans la forêt.

« Les pertes des mobilisés furent nulles, un homme blessé seulement. Du côté des Prussiens 18 tués et de nombreux blessés.

« L'ennemi, après avoir lancé sa cavalerie sur les colonnes

en retraite, entra dans la ville au nombre de 1,500 de toutes armes, et en repartit le soir en continuant d'éclairer les environs par des patrouilles continuelles.

« Nous devons ajouter que si Beaune-la-Rolande a pu opposer une aussi héroïque défense, il le doit non-seulement à ses gardes nationaux mobilisés, mais aussi à ceux de Boiscommun, Montbarrois et Saint-Loup-des-Vignes, qui s'étaient joints à eux et qui, aujourd'hui, se sont retirés dans les bois environnants.

« Des colonnes ennemies, sous le commandement du prince Frédéric-Charles en personne, venant de Montargis, se dirigent sur Pithiviers en passant par Beaune-la-Rolande, 60 pièces d'artillerie prussienne ont passé par Puiseaux et 40 par la route de Malesherbes, se dirigeant vers le même point. »

Sans critiquer le rapport dont plusieurs parties sont de pure fantaisie, nous dirons que la présence du prince Frédéric Charles est une fable, et la mort de 18 prussiens dans la bataille un conte. C'est le sieur Harry, de Romainville, qui a conduit à Montberneaume, dans une voiture de réquisition, les quatre allemands blessés. Quant aux 47 obus, les délégués de la défense nommés par M. Gambetta avaient une autre préoccupation que de les compter.

L'avant dernier alinéa du rapport est parfaitement exact.

Grâce à cet élogieux rapport, la Croix de la Légion d'honneur, par un décret daté à Tours du 5 décembre 1870, venait récompenser la belle conduite du commandant auquel la décoration était spécialement décernée *pour son courage pendant le combat livré le 20 novembre dernier*. Ce sont les termes mêmes du décret.

Le 23, l'ennemi revint à Beaune en forces et traita les habitants comme francs-tireurs. 12 habitants du canton, chez lesquels on avait trouvé des armes, furent fusillés comme insurgés, l'ennemi ne voulant pas leur reconnaître la qualité de gardes nationaux réguliers, puisque leurs noms ne figuraient sur aucun contrôle de l'armée et que, d'ailleurs, leur chef lui-même les avait désignés maintes fois sous le nom de francs-tireurs.

Tel est le rapide historique des événements malheureux qui ont précédé dans le canton la grande bataille de Beaune-la-Rolande du 28 novembre. L'honnête et brave garde nationale de ce canton a loyalement fait son devoir Malgré les exécutions qui ont fait dans ses rangs des trouées sanglantes et le pillage qui l'a presque ruinée, sa blessure la plus saignante, et qui n'est pas encore cicatrisée, est celle qu'elle a ressentie en voyant ses efforts mis à néant par l'incapacité d'un homme qui ne sut pas même racheter ses inepties par son courage, et dont la conduite aurait pu compromettre l'honneur de la ville qu'il avait la mission de défendre.

Le 23 novembre, nous l'avons dit, l'ennemi était revenu à Beaune et l'avait occupé en forces. Le général commandant en chef le 10e corps de l'armée allemande y établit son quartier général et prit ses dispositions pour contenir l'armée française dont les têtes de colonnes étaient signalées à peu de distance. En effet, l'extrême droite de notre armée de la Loire, composée du 20e corps, dont le quartier général était établi dans l'habitation de l'honorable M. Driard, aux Marais, et le 18e corps, dont le commandant, le général Bonnet, s'était installé à la ferme de Montigny, sur la commune de Maizières, s'étendait sur une longue ligne de plusieurs lieues, depuis Bellegarde jusqu'au delà de Ladon. L'extrême gauche de l'armée prussienne se trouvait placée sur une ligne parallèle depuis Corbeilles et Bordeaux jusqu'à Barville, se reliant par sa droite avec le centre de l'armée ennemi qui occupait Pithiviers et les environs. Les 24, 25 et le 26 novembre, des reconnaissances vigoureuses opérées par l'armée française à

Ladon, Lorcy, Maizières, Boiscommun et Courcelles, firent pressentir une attaque imminente, et il devint évident que Beaune allait devenir le théâtre d'une bataille formidable

La ville de Beaune-la-Rolande est bâtie sur un terrain qui affecte des formes diverses. On y pénètre par plusieurs routes en parfait état de viabilité et qui devaient offrir à l'artillerie des facilités pour ses évolutions Au Nord-Est, on rencontre la route de Juranville qui, à son entrée dans la ville, s'élève brusquement par une pente assez raide jusqu'à un plateau d'une certaine étendue, dit des Roches, et sur le bord duquel l'armée allemande avait établi une formidable batterie de 32 pièces pour couvrir de feux la plaine qui s'étend dans les directions de Beaumont et de Montargis. A l'Est, la route de Montargis est de plein pied avec la ville. Au Sud, la route de St-Loup s'abaisse d'abord pour se relever ensuite constamment jusqu'au village de ce nom qui offre une position dominante. Entre la route de Montargis et celle de St-Loup, on remarque une suite de ballons dont le plus considérable, affectant la forme d'un tronc de cône, situé à 200 mètres de Beaune et appelé la Montagne Pelard, était pour l'ennemi une excellente position avancée qu'il avait fortifiée et munie de canons. L'abord de cette espèce de redoute était des plus difficiles; il était nécessaire, toutefois, de l'enlever avant de pénétrer dans la ville. Au Sud-Ouest, la route de Boiscommun ne présente aucun accident de terrain, et dans la partie de la ville, depuis cette route jusqu'à celle de Pithiviers, on trouve les points les plus abordables. Toutefois le cimetière établi de ce côté offre un saillant très-prononcé et dont le feu devait singulièrement gêner nos troupes L'ennemi avait crénelé toutes les maisons qui faisaient face au front de bataille et la construction même de la ville lui apportait une excellente ressource ; en effet, autrefois, Beaune était entouré d'une enceinte dont la presque totalité subsiste encore, en conservant une solidité suffisante. Ce mur est masqué à l'Est, et du côté de la route de Montargis, par une rangée de maisons mais sur la crête du plateau des Roches, et parallèlement à cette route se trouve le préau de l'école qui avait été percé d'un grand nombre de meurtrières. Cette disposition rendait inabordable la route de Montargis qui, enfilée par le feu des tirailleurs embusqués dans les maisons, était encore prise en écharpe par la mousqueterie et la cannonade du plateau des Roches. Toutes les rues avaient d'ailleurs été fortement barricadées, et des tranchées profondes reliaient entr'elles les constructions qui servaient d'abri à l'infanterie. On peut juger dès lors de l'immense difficulté qu'allait trouver l'armée française pour enlever cette position, dont la possession était assignée comme but à ses efforts.

Le 28 au matin, sur l'ordre émané *directement* du Ministre de la guerre à Tours, les 18e et 20e corps s'ébranlèrent à la fois. Ces deux corps étaient placés sous les ordres du général Crouzat, commandant du 20e corps, qui avait la direction de la bataille. Son plan consistait à prononcer trois attaques, l'une sur Maizières, confiée exclusivement au 18e corps, la seconde sur Beaune-la-Rolande, par St-Loup, et la troisième sur Beaune-la-Rolande également, par Boiscommun, St-Michel et Batilly.

Le général Crouzat avait autour de Beaune-la-Rolande trois divisions, les deux premières s'avancèrent sur tout le front qui regarde St-Loup et Montbarrois, la troisième avait ses premiers bataillons près du village d'Ormes et se prolongeait au loin à gauche sur la crête des Mamelons qui se continuent depuis Batilly jusqu'aux hauteurs de Chaumont, près de Barville. Cette extrême gauche de notre ligne, trop étendue d'ailleurs pour être profonde, n'était en outre défendue par aucun ouvrage; ce n'était qu'un simple rideau de troupes, qu'un effort un peu énergique de l'ennemi devait amener rapidement sur le centre de notre attaque.

Cette partie de notre ligne était commandée par le général de Polignac.

Les avant-postes prussiens furent rapidement refoulés, toutes les positions avancées furent conquises à la baïonnette, et l'ennemi, d'abord violemment rejeté dans l'intérieur de la ville, se mit bientôt en pleine retraite. L'attaque avait été si fougueuse que les fuyards ennemis dépassèrent Beaumont, éloigné du champ de bataille de plus de 8 kilomètres, et portant partout la nouvelle d'un grave échec supporté par les armées prussiennes. Il était une heure de l'après-midi, l'artillerie française qui avait d'abord établi ses batteries sur les hauteurs de St-Loup et dans la plaine en avant de Batilly, avait suivi la marche en avant de notre infanterie, et était venue se poster à quelques centaines de mètres de la ville. Son feu, bien dirigé, avait d'abord ralenti puis bientôt éteint celui des pièces prussiennes; si à ce moment une vigoureuse canonnade avait ouvert une brèche dans une partie des murailles et si l'assaut avait été tenté, la victoire était à nous. Le général en chef hésita, il n'avait aucune nouvelle de l'attaque opérée sur Juranville par le 18e corps et ne voulait pas s'engager à fond avant que le mouvement de sa droite eut réussi. Or, le 18e corps, dépourvu de son artillerie qui était restée en arrière, était tenu en échec par les canons prussiens et ce n'est que fort tard qu'il put atteindre son objectif.

Sa tâche d'ailleurs était rude. S'avançant du côté de Lorcy, quelques troupes avaient tourné par la gauche les positions ennemies, pendant qu'un régiment de ligne les abordait de front à Juranville. Les deux attaques n'avaient pas tardé à se donner la main; l'ennemi, chassé des villages, se retirait par la plaine en se couvrant de nombreuses vignes et de quelques bouquets de bois, mais dépourvues de leur artillerie restée en arrière, nos troupes, écrasées à découvert sous les projectiles de deux batteries prussiennes, furent ramenées, et l'ennemi réoccupa Juranville à une heure de l'après-midi, au moment où le général Crouzat était prêt à livrer l'assaut. L'insuccès du 18e corps n'eut qu'une courte durée. Le 42e de marche, appuyé par deux bataillons de la mobile du Cher, s'élança en avant, et tous ensemble, par une charge furieuse à l'arme blanche, refoulèrent l'ennemi.

Pendant que le 42e le poussait de front, la mobile du Cher, se rabattant sur la gauche, se mit en bataille, à cheval sur la route de Beaune-la-Rolande à Juranville, et avec le seul secours de ses fusils, se précipita au pas de course sur la clef de la position prussienne, à l'embranchement de la route de Juranville avec celle de Bellegarde à Beaumont. Là se trouvent une vingtaine de maisons qui toutes avaient été mises en état de défense et d'où partait un feu des plus violents et des plus meurtriers. Rien n'arrêta l'élan de la vaillante mobile, et les Allemands, vigoureusement abordés, s'enfuirent en désordre, abandonnant leurs retranchements. La mobile du Cher paya chèrement son succès; et 10 officiers, 200 sous-officiers et soldats tombés sur le champ de bataille attestèrent, avec l'héroïque élan de cette troupe, la grandeur de l'obstacle qu'elle avait eu à surmonter. A ce moment, le 18e corps, se rabattant sur Beaune-la-Rolande et tombant en plein flanc de l'ennemi rendait possible l'assaut de la ville, mais il était déjà trop tard et l'arrivée rapide de la nuit ne lui permit pas d'autre entreprise.

Le général Crouzat attendait donc, mais bientôt l'occasion que la fortune lui avait offerte s'évanouit complétement. Des renforts mandés en toute hâte arrivaient à l'ennemi. Une colonne considérable, venant de Pithiviers, repliait devant elle l'extrême gauche du général de Polignac, trop faible pour lui barrer le passage, tandis qu'une autre, venant de Beaumont, suivait la vallée de Renoir pour donner la main aux bataillons venant de Pithiviers. Malgré ce renfort et sauf un peu de terrain perdu à la gauche, l'armée française maintint ses positions, mais une partie des forces qui devaient concourir à l'assaut se trouvaient paralysées. Il était facile, sans doute, en couvrant la ville de projectiles et en l'incendiant, d'en chasser l'ennemi ; le général Crouzat ne voulut pas brûler de ses mains une ville française et renonça à ce moyen terrible.

La journée s'avançait, lorsqu'enfin le général en chef apprit, sur les 4 heures, que le 18e corps avait triomphé de tous les obstacles ; il ordonna alors l'assaut qu'il avait différé. Les zouaves (4e régiment de marche), débouchent par la route de Boiscommun, enlèvent la barricade établie à la porte dite d'Enfer, et quelques uns pénètrent dans la ville ; mais ce mouvement était isolé, la nuit déjà obscure, et l'ordre de la retraite fut donné. Les troupes reculèrent jusqu'à leurs positions et s'apprêtèrent à coucher sur le terrain conquis, afin de recommencer la lutte dès le lendemain. Tous les ordres avaient été donnés en conséquence, mais plus tard ce plan primitif fut modifié, et la retraite définitive commença. L'armée française se retira lentement, dans l'ordre le plus parfait et sans être inquiétée par l'ennemi qui se bornait à la suivre de loin et à réoccuper, au fur et à mesure qu'elles étaient abandonnées, les positions dont l'attaque et la défense avaient coûté tant de sang. La bataille de Beaune-la-Rolande était perdue. Le lendemain, les Prussiens avouaient une perte de 6,000 hommes. Pendant toute la nuit, leurs innombrables fourgons transportèrent, jusqu'à une destination inconnue, les cadavres des leurs qui couvraient le terrain. Un petit nombre seulement repose aux alentours de Beaune-la-Rolande.

La population n'apprit que le lendemain la retraite de l'armée française. C'en était fait, son espoir et ses illusions étaient perdus. Cette armée de la Loire, à qui on s'était plu à prêter des destinées si glorieuses, était venue jusques sous les murs de Beaune-la-Rolande et avait engagé la lutte. Les habitants, témoins passifs de cette effroyable bataille, exposés à un bombardement terrible, supportaient avec calme cette épreuve ; ils avaient entrevu déjà des jours plus heureux pour notre pauvre France. Sans doute cette première victoire devait être considérée comme le retour de la fortune et le commencement de l'expulsion de l'étranger ! Le soir il fallut dire adieu à tous ces beaux rêves ; et plus avait été grande l'espérance, plus vive fut la déception. Toutes les illusions disparurent ; chacun dans cet insuccès pressentit que l'heure de la France n'était pas encore revenue et que la victoire, toujours cruelle, voulait rester prussienne.

Réveillée le lendemain avec sa douleur, la ville eut à subir les exigences prussiennes rendues plus furieuses encore par le combat de la veille. Inaccessibles à tous sentiments de générosité et pour assouvir la rage que leur causait leurs pertes de la veille, les Allemands recommencèrent à piller les maisons particulières, sans respecter celles qui en grand nombre, abritaient leurs blessés. Plus tard ces blessés prussiens furent évacués, il ne resta dans les ambulances que des français qui furent soignés avec le plus admirable dévouement. Dans leurs plaies béantes, les habitants croyaient panser les blessures de la Patrie.

Ainsi donc, dans le cours de cette funeste guerre, la ville de Beaune-la-Rolande a tout supporté et tout subi. Sa jeunesse avait été incorporée à la garde mobile du Loiret qui a vaillamment fait son devoir ; puis la ville s'est défendue avec ses seules forces contre l'armée ennemie à qui il a fallu le canon pour en forcer l'entrée. Plus tard elle est broyée pendant sept heures par les bombes françaises ; et, lorsque devenue prussienne elle est impuissante pour la cause de la France, elle dépense encore des trésors de charité pour nos malheureux compatriotes, victimes de la bataille.

On se souviendra à Beaune-la-Rolande! Et si les impressions qu'on y ressent sont partagées ailleurs, on peut encore espérer pour notre belle France des jours d'éclatante grandeur.

Nous avons terminé la rapide relation des faits militaires qui se sont accomplis dans notre contrée et qui ont précédé et suivi la bataille de Beaune-la-Rolande le 28 novembre 1870.

Qui pourrait refuser à nos soldats le témoignage de leur bravoure, de leur intrépidité dans le combat de cette *furia francesce* si particulière à l'armée française? Aussi, nous ne pouvons entendre, sans en être indignés, ces injustes soupçons de trahison qui malheureusement trouvent du crédit. Non, les généraux français ne trahissent pas et ne peuvent trahir. Le sort fatal d'une bataille n'a souvent dépendu que d'une fausse manœuvre, d'un ordre mal compris ou mal exécuté, mais d'une trahison, jamais. Dans ces combats partiels qui se sont livrés dans nos environs, n'avons-nous pas été à même de constater que les succès de nos ennemis étaient dus à la même tactique, se battre trois contre un et faire arriver des troupes fraîches au milieu de l'action pour décider de l'issue du combat.

Nous entrerons maintenant dans le détail des faits particuliers aux 19 communes du canton.

RÉCIT

DE

L'INVASION ALLEMANDE

Dans chacune des communes du canton.

Beaune-la-Rolande.

Les épreuves de cette commune commencent au 20 novembre. Comme nous l'avons raconté plus haut, ce jour-là, après un bombardement d'une heure, la ville est évacuée par ses défenseurs et les Prussiens l'occupent. A ce moment, les habitants couraient un grave danger, beaucoup d'armes et de munitions étaient restées dans les maisons, notamment dans celle du commandant de la garde nationale, où le lieutenant-colonel avait laissé son sabre et son revolver.

Que ces traces du combat fussent découvertes, l'ennemi n'aurait pas fait grâce et beaucoup d'habitants auraient payé de leur vie les trouvailles faites dans leurs habitations. La ville était donc dans l'anxiété, lorsqu'après une halte de quelques instants, la colonne allemande rebroussa chemin et quitta brusquement la ville. C'était l'attaque du général Cathelineau à Courcelles qui rappelait ces troupes sur la route de Pithiviers. Aucune perquisition n'eût lieu, et la ville était sauvée! non sans avoir toutefois traversé de cruelles angoisses. Le colonel prussien était arrivé enflammé de colère et plein de menaces contre les francs-tireurs qui avaient osé l'arrêter. Pendant ce temps, l'homme qui s'était fait l'instigateur de toutes ces imprudences, savourait à Bellegarde la gloire qu'il s'était conquise en même temps qu'il combinait les termes du rapport qui devait aller à Tours raconter ses hauts faits. Après le départ de l'ennemi, les habitants commencèrent à respirer et beaucoup s'imaginèrent qu'ils en seraient quittes pour cette bénigne occupation. Mais le 23, dans la journée, une colonne d'environ 10,000 hommes venant de Montargis, prit possession de Beaune et des positions environnantes.

On commence par des actes de brutalité. Le maire est arrêté dès le lendemain, sous le prétexte qu'il ne veut pas faire exécuter les réquisitions ordonnées et publiées au son du tambour. Pendant ce temps, le commandant prussien exige de la ville une réquisition considérable de denrées de toute espèce. Le maire, paralysé par son arrestation, ne peut prendre aucune mesure; l'adjoint et la majorité du conseil municipal s'étaient enfuis. La municipalité était donc dans le plus complet désarroi; par suite de ces diverses circonstances, la réquisition ne fut pas exécutée et le général prussien autorisa le pillage. Il eût lieu d'être content; ses ordres furent ponctuellement suivis, et les maisons, complètement dévalisées, n'offraient plus après quelques heures que leurs murs nus ou des débris informes de meubles de toute nature. Nombre de fourgons (cent cinquante environ) emportèrent quelques jours après les produits de cette honnête opération. Le pillage terminé, l'emprisonnement du maire était sans objet, aussi ce magistrat fut-il relâché et reconduit à son habitation, complètement vide d'ailleurs de tous les objets qu'il y avait laissés. A ceux qui avaient l'audace de se plaindre, les officiers répondaient qu'on leur laissait leurs maisons et qu'ils devaient s'estimer heureux de ne pas les voir incendier. Cette générosité, en effet, nous surprend et nous paraît inexplicable.

Le 24 novembre, les soldats allemands furent troublés par

une reconnaissance française opérée à Boiscommun par quelques escadrons de lanciers dirigés par le lieutenant colonel Basserie. Cette reconnaissance, vigoureusement poussée jusqu'à près de deux kilomètres de Beaune, leur montra toute l'imminence du danger et la ville fut immédiatement mise en état de défense. Des barricades furent élevées à toutes les issues, des tranchées creusées, et un chemin de ronde pratiqué derrière les murs qui furent crénelés. Enfin, des batteries furent construites sur tous les points culminants qui entourent la ville. De nouveaux régiments ne cessaient d'ailleurs d'arriver, et l'on peut porter à 30,000 hommes environ, le chiffre des troupes qui pesaient sur la ville.

La physionomie de cette dernière était remarquable. Aucun habitant ne se montrait dans les rues ; il y avait d'ailleurs danger pour les hommes à se faire voir. Immédiatement appréhendés au corps, ils devaient servir de guides aux détachements prussiens qui allaient relever des postes souvent à plusieurs kilomètres, et quand on avait quitté Beaune, il était impossible d'y rentrer. Le désespoir d'ailleurs était dans toutes les âmes, et enfin les intérêts de chaque habitant exigeaient sa présence constante dans sa maison pour y disputer à l'avidité des soldats ennemis le peu d'objets que le premier pillage lui avait laissés.

Les musiques prussiennes prodigues d'harmonie n'eurent donc jamais un seul auditeur français et les défilés pas un seul témoin. L'ennemi en fut pour ses frais de coquetterie. Nous n'avons pas la douleur d'être obligé d'avouer aujourd'hui un de ces actes de curiosité coupable, et qui sont la honte de ceux qui les commettent.

La population demeura quatre jours dans un calme relatif. Complètement cernée et isolée, la ville n'avait aucunes nouvelles du dehors ; cependant, tous les matins on voyait partir des troupes dans des directions diverses ; toute la journée, le canon retentissait à courte distance et chaque soir, ces mêmes bataillons rentraient dans la ville harassés et furieux. On apprit plus tard que dans ces combats partiels, la fortune leur avait été constamment contraire, et ils se vengeaient sur une population désarmée et impuissante, des échecs que leur faisait subir l'armée française. Ces quatre jours furent également signalés par l'arrivée de quelques hommes des plus honorablement connus dans les environs, et que les prussiens traînaient avec eux comme otage. C'étaient M. Charbonnier, sous-préfet de Montargis, coupable d'avoir fait son devoir de fonctionnaire français en parlant à ses administrés un langage patriotique, MM. de Vaublanc et Laurier, qui avaient commis le crime d'être des citoyens les plus considérés et les plus estimés de Montargis, M. Moreau, l'honorable maire de Lorcy, perclus de goutte, sur qui pesait la dérisoire accusation d'avoir fait partie des francs-tireurs, M. Brunet, maire de Maizières, où l'armée allemande avait éprouvé un sanglant échec, etc.

Toutes ces personnes, après maintes pérégrinations, furent conduites à Beaune et enfermées dans une des salles de la mairie. Là, elles furent livrées aux brutalités de la soldatesque allemande et laissées pendant deux jours sans nourriture. Les Allemands s'opposaient à ce qu'il leur fût apporté aucun secours, et comme quelques otages, emmenés à la hâte et n'ayant pas eu le temps de se vêtir, manquaient de chaussures, certains habitants avaient témoigné le désir de leur en procurer, mais les soldats allemands s'y refusèrent, accompagnant leur refus d'un geste énergique qui signifiait que la dernière heure de ces malheureux avait sonné. Le jour de la bataille de Beaune, les Allemands promenèrent leurs victimes sans vêtements et sans chaussures sur le lieu du combat; l'honorable sous-préfet de Montargis reçut même un éclat d'obus à la main et deux coups du tranchant d'un sabre, M. de Vaublanc reçut lui-même une grave blessure à la jambe. Ils rentrèrent ensuite dans la ville, et plus tard, furent emmenés définitivement et envoyés à des destinations différentes. Les uns recouvrèrent la liberté au bout de quelques jours, les autres, moins heureux, furent enfermés dans les forteresses prussiennes, et c'est pitié que d'entendre le récit de ces souffrances dans la bouche même des victimes qui les ont subies ; on se sent exaspéré contre tant de lâcheté et de cruauté.

Le 28 était arrivé. Dès le matin, on entendit le canon au loin, puis la mousqueterie se rapprocha et la bataille fut engagée sous les murs même de la ville. A ce moment, tous les habitants qui étaient restés pour défendre leurs familles et leurs foyers, se renfermèrent, qui dans leurs caves et qui dans leurs maisons. Le feu extrêmement violent sur tous les points de la circonférence de la ville, enfilait toutes les rues et en rendait le séjour impossible. En outre, les bombes françaises pleuvaient et certaines maisons avaient commencé à brûler.

Le bombardement augmentait d'intensité ; les toitures s'éventraient, les tuiles et les pierres tombaient sur le sol avec un fracas sinistre ; quatorze maisons étaient en flammes. C'est alors que les premiers blessés arrivèrent et que les habitants, sans se soucier désormais de leur propre sécurité, se mirent eux et leurs habitations, à la disposition des médecins, qui trouvèrent ainsi, en quelques instants, ambulances et infirmiers. Les blessés bientôt affluèrent. Le feu de notre armée, notamment le canon, faisait des ravages épouvantables dans les colonnes prussiennes qui, massées dans la ville ou aux alentours, étaient décimées. Cette situation dura jusqu'au soir ; la nuit étant venue, le feu cessa de part et d'autre ; l'ennemi était resté maître de la ville. La nuit qui suivit fut terrible en raison des alarmes que chacun concevait pour le lendemain. Tous, en effet, avaient la conviction que cet effroyable engagement devait être repris au point du jour ; prévoyant un engagement corps à corps dans les rues et les maisons, ils n'osaient d'avance en calculer les conséquences. Le patriotisme cependant dominait encore ces angoisses, et la population se fut soumise à tout, pour voir l'armée française s'emparer de la ville. Le lendemain, au contraire, les troupes françaises s'étaient retirées.

Libre de toutes craintes, l'ennemi qui avait subi la veille des pertes énormes, se vengea sur les habitants. Les soldats se répandirent de nouveau dans toutes les maisons, et les scènes de pillage se renouvelèrent. Repoussant violemment les propriétaires qui cherchaient à s'opposer à ces dévastations sauvages, ils furetaient partout, fouillant dans tous les meubles, prenant tout ce qui était à leur convenance, fracturant les serrures, cassant les glaces, emportant ce qui avait quelque valeur, détruisant les papiers publics et privés, et généralement les objets qu'ils ne pouvaient emporter. A nombre de personnes, ils n'ont laissé que le linge et les habits qui étaient sur le corps ; à l'heure de ces actes de stupide barbarie, on devait s'estimer heureux encore, quand ils n'ajoutaient pas des violences à tous ces vols et toutes ces déprédations. Et quand un malheureux spolié trouvait encore le courage de se plaindre : « Ah ! lui repondaient les soldats, nous ne faisons pas la moitié de ce qui nous est ordonné ! »

Après quelques jours, les médecins prussiens se retirèrent avec leur armée ; ils furent remplacés par une ambulance anglaise dirigée par le docteur Gaël.

Cette ambulance ne partit de Beaune que vers le 20 janvier.

Le service hospitalier s'organisa tout d'abord avec quelque difficulté. L'ennemi ne respectant pas les maisons où les blessés avaient été transportés, y exigeait comme dans les autres, logement et nourriture. Il était donc nécessaire que les habitants fissent double besogne, à laquelle il fallait encore ajouter une rigoureuse surveillance, sous peine d'être dévalisés. Les forces humaines n'y pouvaient suffire et une mortalité effrayante vint s'abattre sur la population.

Par bonheur, le 10 décembre, l'occupation prussienne cessa tout-à-fait. Ce jour-là, les derniers soldats se mirent en marche, escortant les cent cinquante chariots dont nous avons parlé, qui emportaient la plus grande part de la richesse mobilière de la ville et des environs.

Alors on commença à respirer. Pendant dix-sept jours, la terreur prussienne s'était rudement fait sentir. Grâce aux imprudences, aux fanfaronnades, aux folies d'un seul homme, une population toute entière s'était trouvée compromise. Signalée comme un centre de francs-tireurs, elle a pu voir, par la vengeance qu'ils en ont tiré, tout ce que ce nom inspirait de terreur aux ennemis. Pillée, incendiée, martyrisée, cette noble petite ville n'a rien évité, et son patriotisme et son courage n'ont servi qu'à lui rendre plus lourd encore le joug prussien. Sa richesse a été diminuée de près de 700,000 fr.; c'est un chiffre dont se souviendront ses enfants.

Et ils venaient pour civiliser la France !

Les habitants complètement anéantis par cette série d'événements, étaient tout à la merci de cette soldatesque, qui traitait la ville en ville prise d'assaut. A la suite de la bataille, des renforts considérables étaient venus se joindre aux troupes qui avaient combattu, dans le but de s'opposer à un retour offensif de l'armée française. Mais, dès le lendemain, celle-ci s'était mise en pleine retraite, et l'œuvre de la guerre était finie pour la ville de Beaune-la-Rolande ; l'œuvre de la charité commençait. Les blessés transportés dans les ambulances le jour même de la bataille, étaient presque tous de nationalité prussienne. Les habitants auraient bien désiré, après la cessation du feu, de pouvoir se répandre sur le champ de bataille, afin de relever ceux de nos malheureux compatriotes qui y gisaient sans secours ; mais il fut impossible d'en obtenir l'autorisation, et il fallut attendre jusqu'au lendemain que les ambulanciers prussiens exerçassent eux-mêmes ce devoir d'humanité.

Nos blessés relevés, il se passa quelques jours encore avant que nos morts fussent enterrés. L'ennemi qui, à peine en quelques heures, avait su faire disparaître les siens, laissa longtemps les cadavres français sans sépulture. A la porte de la maison de M. Lemaître, aubergiste, on vit pendant plusieurs jours les cadavres de deux zouaves qui, ayant pénétré dans cette maison, y avaient tué, dans une lutte corps à corps, sept soldats prussiens. Ils avaient fini par succomber aussi et l'ennemi les laissait ainsi comme exposés, afin, sans doute, que ses soldats apprissent à distinguer le visage de braves.

Enfin, il ne resta plus sur le sol aucune victime de cet effroyable combat. Les blessés prussiens ne séjournèrent pas longtemps à Beaune ; ils furent rapidement évacués sur des localités en arrière, et les ambulances de la ville ne renfermèrent bientôt plus que des Français.

Ces ambulances avaient été tout d'abord dirigées par les médecins prussiens, auxquels s'était joint M. le docteur Fitz-James, de Beaune-la-Rolande, qui s'est montré admirable de dévouement, dès le moment même de la bataille, en donnant ses soins aux blessés des deux nations. A M. le docteur Fitz-James se sont joints quelque temps après M. le docteur Depallier et M. Mondain, officier de santé, tous deux de Beaune-la-Rolande.

Parmi divers documents qui sont sous nos yeux, nous trouvons une lettre écrite par M. le colonel Basserie, à la date du 1er août, et de laquelle nous extrayons les passages suivants. Bien que cette lettre ne fût pas destinée à la publicité, nous ne pouvons résister au désir d'en citer quelques fragments qui font autant d'honneur à M. le colonel qu'à M. le docteur; nous les prions de nous pardonner cette indiscrétion.

« Dites bien au docteur Fitz-James que je lui exprime en-
« core au nom de mes camarades d'infortune et au mien, nos
« sentiments de vive gratitude et de haute estime. Il a été le
« médecin du jour de la bataille. Par ses soins intelligents, sa
« généreuse activité, son dévouement infatigable, il a voulu
« arracher à la mort et rendre à la santé le plus possible
« d'entre nous dans les ambulances de Beaune et dans celles
« des communes voisines. Les médecins prussiens lui témoi-
« gnaient estime et respect, et plus tard il a été le guide
« éclairé des médecins anglais qui lui témoignaient aussi en
« présence leur considération pour son zèle et son savoir ;
« honneur à lui ! Je rendrai toujours, à son très-haut mérite,
« le sincère et le plus dévoué témoignage.

« Le lieutenant-colonel, commandant le
« 2e lanciers de marche, blessé au combat
« de Boiscommun.

« Signé : BASSERIE. »

Le 25 novembre, un conseil de guerre prussien condamne à mort le sieur Guillon, menuisier à Boiscommun, comme franc-tireur. Un considérant de sa sentence portait « qu'il ne pouvait justifier de sa qualité de garde national. » Guillon a marché résolument à la mort. Il a été fusillé dans le cimetière de Beaune. M. Baudard, curé de Beaune-la-Rolande, a assisté à ses derniers moments

Les soldats français tués sur le champ de bataille le 28 novembre, ont été enterrés dans plusieurs endroits, autour de la ville ; un certain nombre a été inhumé dans le cimetière.

Que de remercîments sont dus à nos généreux concitoyens qui se sont dévoués au soulagement des pauvres blessés avec un zèle plein de cœur, avec un désintéressement d'autant plus admirable que beaucoup d'entre eux étaient dans une position précaire qui les obligeait à se priver des choses les plus indispensables pour les offrir aux pauvres soldats mutilés! Bien que leur modestie doive en souffrir, nous voulons publier leurs noms afin que la reconnaissance de leurs concitoyens soit aussi leur récompense et que leur conduite soit citée comme un exemple de charité chrétienne.

Toutes les classes de la société, sans exception, les pauvres comme les riches ont rivalisé de zèle, et nous avons vu des personnes de la classe aisée, hommes et femmes, se transformer en infirmiers pendant plusieurs mois, et panser les plaies les plus repoussantes, à la place des infirmiers de profession qui ne pouvaient pas faire un service aussi pénible.

AMBULANCIERS

1° L'hospice dirigé par les Sœurs de la Présentation de Tours. Quel spectacle présentait cet établissement le soir de la bataille! Les blessés étaient là par centaines.

2° Mme la marquise de la Fitolle, et M. et Mme de Tournemine. Leur maison était une succursale de l'hospice.

3° L'école communale des garçons.

4° La gendarmerie. Les gendarmes avaient été appelés à l'armée active.

C'est la municipalité qui faisait exécuter le service dans ces deux établissements.

5° M. Hardy, juge de paix, Mme et Mlle Hardy.

6° Mlle Maupin, directrice de la poste, et M. et Mme Maupin.

7° M. et Mme Suttin, à la Maizerie.

8° Mme veuve Petitpas, dans la maison de M. Chappeau à Orme. Il y avait pendant un certain temps 180 blessés.

9° Mme veuve Durand-Peron, et M. Jean-Baptiste Thillon, son domestique, si dévoué pour ses malades.

10° M. et Mme Bourbon, à Orme.

11° M. et Mme Charrier, aux Saules.

12° M. Barreau-Baudoin, au bois de Lutin, et sa femme.

13° M. Bouvet fils, et sa femme, à Orme.

14° Mme veuve Foucher, à l'Orminette

15° M. et Mme Pussard, à Beaune.

16° M. et Mme Huguet

17° M. et Mme Tartinville.

18° Mme veuve Popelin et Mlle Bertran (ambulance prussienne).

19° M. et Mme Lemaître et Mme veuve Boutet.

20° M. et Mme Morlet-Lebœuf.

21° Mme veuve Deschamps et Mlle Nigon.

22° M. Duchesne père, et Mme Duchesne.

23° M. Dugué, portefaix, et sa femme.

24° M., Mme et Mlle Mauqueret.

25° Mlle Depallier, et Mlle Fauvin.

26° M. Chesnoy, aux Saules, et sa femme.

27° M. et Mme Grivot (ambulance prussienne).

28° M. Céleste Bourgeois, à Foncerive, et sa fille.

29° M. Pesty, à Foncerive.

30° MM. Brimbœuf et Mmes Brimbœuf, à Orme.

31° M. Besson, à l'Orminette.

32° M. Petitpas, Frédéric, à Villiez.

33° M. Pellard et Mme Pellard, à la Montagne.

34° M. et Mme Garnier.

Nous pourrions multiplier les noms si nous voulons indiquer les habitants de Beaune-la-Rolande qui ont conservé les blessés jusqu'au moment où ils étaient évacués sur les villes voisines.

L'état civil d'aucun d'eux n'a été constaté ni par leurs livrets, ni par le numéro matricule inscrit sur chaque objet du vêtement ; les recherches par les familles ne peuvent donc avoir de résultat

Un jour viendra où tous les ossements de nos défenseurs seront réunis dans une fosse commune.

Dix-sept Prussiens seulement ont été inhumés dans le cimetière de Beaune-la-Rolande ; ce sont les mutilés qui n'étaient pas transportables et qui sont morts dans les ambulances. Tous les soldats prussiens morts sur le champ de bataille ont été enlevés dans la nuit du 28 au 29 novembre et conduits dans de nombreux chariots, vers des destinations inconnues. Un certain nombre a été transporté dans l'ancienne Magnanerie de Montbernaume, qui, ensuite, a été incendiée.

Les Prussiens pratiquent pour l'incinération des corps une méthode qui ne laisse aucune trace après l'opération. Cette particularité a été observée à Quechevelle, près Batilly.

M. de Tournemine, lieutenant-colonel en retraite, demeurant à Beaune-la-Rolande, a pris une initiative aussi patriotique que généreuse en élevant sur le bord de la route de Beaune à Ladon, à l'endroit où reposent 45 soldats français, une colonne commémorative en l'honneur des défenseurs de la France, tués dans la bataille du 28 novembre.

Nous avons lu sur deux côtés du socle :

Gloriosa, si non Patriam, saltem Patriæ decus, salvavit mors.

. . . . . . et morientes. ultimâ voce clamabant : Vivat Patria

Nous apprenons avec plaisir que, suivant l'exemple donné par M. de Tournemine, la municipalité de Beaune-la-Rolande vient de commander *à l'instant* un monument en l'honneur de nos soldats, qui sera aussi inauguré le 28 du courant.

Nous devons rappeler le tribut d'éloges et de remercîments que nous avons entendu bien souvent adresser au nom de M. l'abbé Cornet, vicaire de Beaune-la-Rolande. M. l'abbé Cornet s'est multiplié pendant l'occupation en visitant les blessés des deux nations dans toutes les ambulances de la ville et des hameaux. Sa connaissance de la langue allemande a facilité d'une manière toute particulière les rapports difficiles entre Français et Prussiens. M. l'abbé Cornet indiquait aux ministres protestants ceux de leurs co-religionnaires mourants qui réclamaient leurs secours.

Nous terminerons la relation des faits qui concernent Beaune-la-Rolande, en rappelant que cette petite ville qui ne compte pas deux mille habitants, dont la moitié seulement est agglomérée, est destinée à subir les épreuves les plus cruelles.

Il y a plus de quatre siècles, en **1428**, les habitants de Beaune-la-Rolande portaient secours à la ville d'Orléans, au moment du siége. Chassé des rives de la Loire, l'ennemi se répand dans nos environs, et comme la ville de Beaune-la-Rolande ne pouvait lui opposer la résistance qu'il avait rencontrée sous les murs d'Orléans, il eut bientôt raison d'une ville privée de ses défenseurs naturels, la ville fut pillée et brûlée et l'église fut détruite. C'est Charles VII qui fit reconstruire la ville. Louis de Melun, archevêque de Sens, fit réédifier l'église en 1462, et les fortifications furent élevées sur l'ordre et sous le règne de François Ier.

C'est cette même ville dont les fossés sont en partie comblés, qui ne possède plus d'enceinte continue, que les Prussiens ont été forcés de bombarder le 20 novembre 1870 pour s'en emparer.

Le bombardement du 28 a eu pour résultat l'incendie de quatorze maisons, de nombreux bâtiments. La presque totalité des maisons a plus ou moins souffert des éclats d'obus.

Plus de la moitié des habitants incendiés seront dans l'impossibilité de reconstruire leurs maisons si le gouvernement ou des souscriptions généreuses ne leur viennent en aide.

Bordeaux en Gâtinais.

La commune de Bordeaux est peut-être la première de celles du canton qui vit paraître l'ennemi. Il arrivait de Beaumont et de Château-Landon.

Le 26, les troupes qui l'occupaient firent à la hâte des préparatifs de sérieuse résistance. Le canon grondait dans la direction de Lorcy; on s'attendait à voir déboucher les français du côté de Corbeilles. Le presbytère, les maisons et les murs du parc furent crénelés, la route coupée par des tranchées profondes. Tous ces préparatifs restèrent sans résultat, les colonnes françaises n'ayant point paru.

Ce jour-là, le curé de Bordeaux, saisi sans motifs près de Lorcy, fut gravement maltraité et sur le point d'être fusillé.

L'occupation prussienne a été des plus lourde à Bordeaux, non pas pour la commune, mais pour un des habitants, M. Caulet, Chevalier de la Légion-d'honneur, juge honoraire au tribunal civil de la Seine, et qui, depuis nombre d'années déjà, dirige la grande exploitation de la terre de Bordeaux.

Son château fut envahi tout entier, ainsi que sa ferme. C'est à peine si l'ennemi consentit à abandonner à M. et

Mme Caulet une chambre dans leur maison. Il n'est pas sans intérêt d'ajouter que M. Caulet a dépassé 80 ans.

Sa maison fut soumise à un pillage régulier. Toutes ses récoltes, tous ses bestiaux, 500 volailles de toute espèce furent saisis. La marche en avant de l'armée allemande ne mit pas M. Caulet à l'abri des exigences ennemies. Chaque jour les ambulanciers de Beaumont venaient en réquisition, le révolver au poing, et réclamant, sous la menace d'incendie, ce qui leur était nécessaire. C'est de cette existence que vécut jusque même après l'armistice, M. Caulet, qui se vit, après cette date, insulté par un officier supérieur prussien. Il est à remarquer, d'ailleurs, qu'après l'armistice qui mit fin à la lutte, l'allemand devint plus féroce encore ; et violant, outrageant le traité de paix qu'il venait de conclure, il continua, en parfaite tranquillité, ses déprédations habituelles.

Chez M. Caulet, l'ennemi, après l'armistice, fit maison nette, et il ne resta ni un sac de grains, ni une tête de bétail. Sa perte monte à un chiffre qui dépasse 50,000 francs.

Juranville.

La commune de Juranville a été aussi cruellement éprouvée. En dehors du pillage, des violences, des brutalités qui étaient comme la menue monnaie de l'invasion, ce village a été le théâtre d'un combat très-vif, le 28 novembre.

Ainsi que déjà nous l'avons expliqué, presque toutes les communes du canton se trouvaient dans cette zône qui séparait les deux armées ; et c'était sur leur sol que les soldats des deux nations devaient se rencontrer.

Le 24 novembre, un engagement fort sérieux avait eu lieu entre nos troupes et les Prussiens. Ces derniers occupaient Barvillette et les positions voisines, nos troupes étaient postées sur la route de Bellegarde et la ligne des hauteurs qui se prolongent jusqu'à Montliard.

Après une cannonade et une fusillade des plus nourries, l'ennemi refoulé, se mit en retraite et vint s'établir au bourg de Juranville; il y avait là environ quatre mille hommes.

Le 26, le 18e corps heurte à son tour, du côté de Lorcy, les avant-postes allemands. Ce fut une simple affaire de grand'gardes; mais l'ennemi, se sentant menacé, appelle à lui du renfort et vient occuper, au nombre d'environ dix mille, les maisons de Juranville, celles du Pavé, et toutes les hauteurs intermédiaires; ses avant-postes et ses grand'gardes se prolongeaient presque jusqu'à Maizières, le long de la rivière, et jusqu'au lieu dit l'Etang. C'est dans cette situation que l'armée française trouva ses adversaires le 28 novembre au matin.

Le 18e corps, dont le quartier général était établi dans la ferme de Montigny, s'étendait depuis Fréville jusqu'à Ladon, parallèlement à la route de Pithiviers à Montargis. Dans la nuit du 27 au 28 novembre, il s'ébranla, et le 28, dès 7 heures du matin, les premiers coups de fusils avaient été tirés.

L'attaque des Français, brusquement annoncée, plongea les Prussiens dans la plus vive surprise. Douze officiers occupés à déjeûner ne voulaient pas croire que ce fut autre chose qu'une affaire d'avant-postes et continuaient leur repas, lorsque la retraite des leurs les fit partir en toute hâte. Telle fut leur précipitation, qu'un caisson resta abandonné dans la cour du presbytère. Ce caisson plein d'effets d'habillement, de chaussures surtout, fut une bonne fortune pour nos soldats qui s'empressèrent d'en profiter.

Les Prussiens, vivement ramenés depuis la rivière et le bois de Macréant, traversaient Juranville sans s'y arrêter; l'ennemi ne fit volte face que lorsqu'il eut gagné le petit bouquet de bois que l'on appelle bois de l'Orme Arrault.

Le 42ᵉ de marche, lancé à la poursuite de l'ennemi, avait traversé Juranville sur ses talons ; mais accueilli en plaine par une masse énorme de mousqueterie et foudroyé par deux batteries auxquelles nous n'avions pas un canon pour répondre, il fut obligé de se replier pour éviter une destruction complète. Il était une heure 1/2 du soir. Les Prussiens suivant à leur tour ce mouvement de retraite réoccupent Juranville, mais à 3 heures du soir, arrivaient au pas de course, 2 bataillons de la mobile du Cher venant, l'un de Lorcy, l'autre de Maizières, ils donnent la main au 42ᵉ, et tous réunis, ils tombent à la baïonnette sur les Prussiens qui s'enfuient en désordre à travers la plaine dans la direction de la gare de Beaune.

Le 42 les suit, leur enlève la ferme de St-Phal où ils veulent se retrancher et les pousse au loin. La mobile du Cher appuie à gauche et s'empare à la baïonnette des maisons du Pavé où l'ennemi, fortement retranché et appuyé d'une batterie d'artillerie ne peut soutenir l'attaque ; il était 4 heures du soir, l'ennemi battait en retraite et se concentrait vers la gare ; déjà beaucoup de fuyards avaient dépassé Beaune et porté partout la nouvelle d'une grande victoire française.

Mais, à cinq heures du soir, tous les rêves s'évanouirent, le Pavé qu'on avait conquis au prix de tant de sang, et dont l'enlèvement a couvert de gloire l'héroïque mobile du Cher, le Pavé, disons-nous, était évacué et les Prussiens le réoccupaient. C'était une victoire incontestable et incontestée, mais stérile, comme tant d'autres.

Dans ce combat, la mobile du Cher fut hachée, mais rien n'avait pu arrêter son élan ; les commandants des deux bataillons étaient tombés des premiers ; l'un deux, M. Martin, qui avait reçu un coup de feu en pleine poitrine, mourut quelques jours après ; l'autre, M. de Boismarmin fut heureusement conservé à son bataillon Là, tombèrent aussi dix autres officiers, tous frappés en tête de la colonne d'attaque en donnant l'exemple du courage le plus chevaleresque. L'un d'eux, M. Frossard, lieutenant-adjudant-major, a son cheval tué sous lui, il se dégage, ressaisit son sabre et se précipite en avant pour retrouver sa place au premier rang : un éclat d'obus lui fracasse un genou. Quelques jours après, la Légion d'honneur comptait un membre de plus

Dans ce combat, sont morts aussi le capitaine Jarlot et le lieutenant Girardin ; la population de Juranville ne perdra pas le souvenir de leur bravoure.

Les deux bataillons du Cher payèrent leur succès d'une perte de 50 morts et de 200 blessés (1).

Le soir donc, à 5 heures, les Français évacuèrent le Pavé et se retirèrent lentement sur Juranville, où un bataillon de turcos passa la nuit. Le lendemain, les turcos eux-mêmes se retirèrent, et Juranville redevint une possession prussienne.

Dans la soirée et la nuit qui suivit la bataille, 256 blessés furent transportés dans les ambulances de la commune ; ils furent ensuite presque tous évacués, sauf ceux à qui la gravité de leur blessure interdisait tout transport Plusieurs furent plus tard transportés dans les ambulances de Beaune-la-Rolande où ils trouvèrent enfin des médecins. Les ambulances françaises avaient été obligées de suivre le mouvement de retraite de l'armée, et les blessés non transportables furent abandonnés aux soins de l'ennemi. Les Allemands les laissèrent sans secours, et plus de quinze jours après la bataille, les médecins anglais évacuèrent entr'autres, sur les ambulances, un capitaine de l'armée régulière dont la jambe brisée n'était maintenue que par un appareil composé de lattes et de foin.

---

(1) Nous apprenons que le département du Cher, justement fier de la bravoure de ses enfants, va élever, au hameau des Bordes, un monument en leur honneur.

Dans cette journée du 28, le curé de Juranville fut admirable de dévouement. Son presbytère, situé à l'entrée du village, devint dès la première heure le refuge des blessés.

Quoique déjà âgé, il accepta immédiatement la mission que la Providence lui envoyait; et sans se préoccuper des projectiles qui pleuvaient de tous côtés, il donna ses soins à une soixantaine de blessés des deux nations. Toutes ses ressources y furent employées, et lorsque les Allemands revinrent le lendemain, en récompense des soins qu'il avait donnés aux leurs, son presbytère fut pillé de fond en comble.

Toutes les maisons du bourg avaient d'ailleurs été converties en ambulances, et la maison de M. Orillard avait reçu le plus grand nombre des victimes de la bataille (1).

La guerre et le pillage ont fait éprouver à la commune une perte considérable dont le chiffre sera indiqué ci-après :

Lorcy.

La commune de Lorcy a été le théâtre de deux engagements successifs. Le 1er, du 26, n'a eu d'autres proportions que celles d'une affaire d'avant-postes ; ce combat sans durée, n'a fait subir aux Prussiens et aux Français que des pertes insignifiantes.

Cependant, cette fois encore, cette légère affaire servit de prétexte aux cruautés prussiennes. La population fut

(1) Nous avons vu quelques jours après la bataille, vingt pauvres mobiles amputés, qui, depuis trois jours, avaient été abandonnés par l'ambulance française forcée de suivre l'armée. Le lendemain nous avions la satisfaction de conduire à Juranville l'ambulance anglaise qui a donné ses soins à ces malheureuses victimes que les Prussiens firent évacuer sur Montargis. Que sont devenus ces infortunés jeunes gens, originaires des environs de Chârost et de St-Florent (Cher)?

soupçonnée d'avoir aidé les troupes françaises et subit les violences ennemies.

Cependant, les événements militaires suivaient leur cours et, le 28 au matin, la droite du 18ᵉ corps entrait à Lorcy.

L'attaque s'était concentrée aux lieuxdits les Fourneaux et la Marchaise, et après une charge vigoureuse, appuyée par deux batteries d'artillerie, les troupes françaises rejetèrent l'ennemi au-delà du chemin de fer. Nos soldats subirent là de grandes pertes ; les Prussiens embusqués derrière le talus en ce point assez élevé, tiraient à coup sûr dans nos colonnes et les décimaient. A midi, cependant, l'affaire était terminée et l'ennemi ne tenta aucun retour offensif.

Le village de Lorcy, resté toute la journée au pouvoir des Français, fut occupé par eux durant toute la nuit qui suivit. Le lendemain matin, ils se replièrent sur Ladon, et Lorcy redevint une possession prussienne.

La bataille elle-même ne causa aux habitants de Lorcy, aucun dommage sérieux ; cette commune, toutefois, ne devait pas être à l'abri des cruautés de l'ennemi. Les Allemands la considérant comme refuge de francs-tireurs, bien qu'ils n'en pussent fournir aucune preuve, frappèrent les habitants d'énormes réquisitions, et arrêtèrent quatorze personnes en tête desquelles se trouvaient le maire et le curé. Ces quatorze personnes ne furent pas dirigées sur le même point. Pendant que le curé, après avoir erré autour de Beaune pendant plusieurs jours, et avoir été frappé à la main d'un éclat d'obus, était interné à Corbeil-sur-Seine, où il est resté deux mois, l'honorable maire de Lorcy, M. Moreau, pensa mourir de la barbarie ennemie. Il était malade, perclus de goutte, lorsqu'on l'arrêta ; il ne lui fut donné aucun délai pour changer de vêtements et prendre quelques dispositions. Forcé de marcher à pied, bien qu'il le pût à peine, il ne tarda pas à voir disparaître les chaussures qu'il portait. Sans respect ni pitié pour son âge (M. Moreau est plus que sexagénaire), ses bourreaux le forcèrent à les suivre. Souvent on s'arrêtait et on signifiait aux prisonniers que leur dernière heure avait sonné ; puis, après quelques moments d'attente, on se remettait en marche pour recommencer la scène à quelque distance. C'était la distraction de nos vainqueurs. Enfin, on arrive à Beaune ; les prisonniers sont enfermés à la mairie, puis dans la crypte de l'église. Le 28 au matin, on les promène sur le champ de bataille, dans l'espérance que les projectiles feraient des victimes parmi eux ; certains sont atteints d'éclats d'obus. Le soir, après l'insuccès de l'armée française, on les ramène à Beaune. L'honorable M. Moreau, les pieds démesurément gonflés, sans bas ni chaussures, suivait la colonne, lorsqu'une dame, touchée de son état, offre de lui apporter des souliers : « inutile, s'écrie un soldat, on doit le fusiller cette nuit. » Le martyre continua donc ; les souffrances devinrent si insupportables que les victimes demandèrent comme une grâce à leurs bourreaux de les fusiller sur place. Ce vœu, heureusement, ne fut pas exaucé et après quelques jours, M. Moreau étant parvenu à s'évader, rentra chez lui et raconta les tortures qu'il avait subies.

Nous avons tenu à reproduire cet incident ; les personnes qui le liront, et qui auraient conservé des illusions sur la générosité et la sensibilité prussienne, seront édifiées sur le caractère de ces barbares, qui ont fait à la France la guerre sauvage que nous savons.

Deux maisons furent incendiées par l'ennemi dans le village de Lorcy ; elles appartenaient à M. Dupré et à Mme veuve Chambon.

Boiscommun.

La commune de Boiscommun, sous l'intelligente et énergique direction de l'honorable M. Beauvallet, son maire, a pris une part importante aux événements de la guerre dans le canton. Située à une courte distance de la forêt d'Orléans, presque sous les balles des francs-tireurs, sa situation devait inspirer à l'ennemi une salutaire terreur, qui la mettait à l'abri des incursions prussiennes.

De bonne heure les Allemands s'étaient avancés jusqu'à Vitry-aux-Loges, qu'ils occupaient. Cette commune est située sur le flanc droit de Boiscommun. M. Beauvallet prit l'initiative d'une entente entre sa commune et sa voisine, celle de Nibelle, pour protéger leurs approches. Un service régulier fut installé et chaque jour un piquet, relevé le lendemain, allait garder les tranchées de la forêt qui couvraient Boiscommun et Nibelle. Les choses durèrent ainsi pendant six semaines, à l'exception de deux ou trois jours pendant lesquels les gardes nationaux de ces deux communes, épuisés et fatigués, furent relevés par les gardes nationaux du canton.

Cependant Boiscommun, placé sous les ordres du commandant de la garde nationale de Beaune, était associé à l'exécution des ordres donnés par ce dernier. C'est ainsi que le 20 novembre, la garde nationale de Boiscommun se battait à Beaune pendant que le commandant exécutait son étrange fugue sur Bellegarde.

Ce jour-là, les habitants de Boiscommun montrèrent, avec beaucoup de calme et de sang froid, une bravoure réelle, et, lorsque la retraite devint inévitable, ils se retirèrent en bon ordre, imposant par leur contenance aux cavaliers ennemis qui n'osèrent pas les poursuivre.

Dans cette retraite, se fit remarquer d'une manière toute spéciale M. Guiller, sergent de la garde nationale, qui, se retirant le dernier et au petit pas, se retournait à toute minute pour faire le coup de feu. M. Guiller, ancien militaire, prouva ce jour-là qu'il n'avait pas laissé perdre les traditions d'intrépidité qu'il avait puisées dans les rangs de l'armée. Un décret du Gouvernement de la défense nationale, du 6 décembre, récompensa cette belle conduite par une mention honorable.

Le même jour, un autre citoyen de Boiscommun fut victime de son courage et de son dévouement. M. Baudin, lieutenant des sapeurs-pompiers, ayant appris la funeste issue du combat du 20, s'était embusqué avec quelques autres gardes nationaux, dans le bois de la Motte-Poirier, afin de protéger la retraite de leurs concitoyens si elle était inquiétée. C'est dans cette embuscade qu'il eut la cuisse traversée d'une balle M. Baudin, qui est âgé de 55 ans, est un ancien militaire, chevalier de la Légion d'honneur.

Le lendemain, le maire de Boiscommun vit paraître M. Guillot, lieutenant-colonel, qui, ayant partagé la veille la fuite du commandant, son subordonné, venait pour obtenir des renseignements sur le combat du 20. M. Beauvallet lui fit connaître la situation et M. Guillot, jugeant sa présence à Beaune au moins inutile, alla chercher sous les murs d'Orléans des destins plus glorieux. Son histoire est restée depuis complétement inconnue.

Le 24 novembre, les rues de Boiscommun virent commencer la fameuse charge des lanciers français, charge qui ne se termina que sur le territoire de Montbarrois, et que nous raconterons au chapitre spécial à cette commune.

Le 24 au soir, Boiscommun fut occupé par un bataillon de la mobile du Haut-Rhin, dont les compagnies de tirailleurs allèrent s'embusquer sur la route de Saint-Loup. Ces braves mobiles trouvèrent sur le champ l'occasion de se signaler. Un peloton prussien d'environ 50 hommes venant de Saint-Loup, s'avançait sur Boiscommun en marchant avec les plus grandes précautions. Les mobiles les laissèrent s'approcher, et lorsqu'ils furent arrivés à courte portée, ils les couchèrent sur le sol jusqu'au dernier. Deux feux de peloton avaient suffi ; ils avaient tiré avec tant de justesse et de précision que pas un Allemand ne se releva.

Le 28 au matin, l'armée française venant de Bellegarde, traversa Boiscommun pour se porter sur Beaune. Nos batteries, guidées par M. Beauvallet, s'installèrent sur les hauteurs de Sommery, auprès du chemin de ce nom, et à 9 heures 1/2, les premiers coups furent tirés ; en quelques minutes, les Prussiens se mirent en retraite et l'armée française s'avança. Le soir, elle revint avec quatre ou cinq cents blessés qui furent déposés dans l'église, sur un lit de paille, où ils reçurent les premiers soins.

Les jours suivants, la ville resta dans la zone comprise entre les deux armées. Le 30, les Prussiens l'occupèrent, et le maire fut arrêté pendant 24 heures.

Un retour offensif des Français fit disparaître l'ennemi qui avait reconnu que Boiscommun n'était pas défendable, et qu'en y restant on s'exposait à un désastre.

Mais les échecs successifs éprouvés par le centre de l'armée de la Loire, força l'aile droite à la retraite définitive, et le 4, l'ennemi entra en maître dans Boiscommun.

Son premier acte fut de faire saisir chez les boulangers et les particuliers, toutes les farines qui s'y trouvaient. Mais le maire se rendit chez le général, et exigea que toutes les farines fussent restituées, en déclarant que ses administrés avaient aussi bien que les soldats prussiens le droit de manger. Sa réclamation fut accueillie. Quelques heures après, un aubergiste de la localité, le sieur Durand, venait demander l'appui du maire. Un officier prussien qui voulait dévaliser une cachette découverte chez lui, l'avait battu et maltraité, et lui avait soustrait 1,200 fr. en argent et marchandises. Le général auquel justice fut demandée, tout en déplorant ces actes significatifs, constata son impuissance à les prévenir ou à les réprimer. Mais pour prouver son bon vouloir, il paya de sa bourse une partie de la perte du malheureux Durand.

Le 5 décembre, l'armée prussienne se mit en marche dans la forêt d'Orléans, à la poursuite de l'armée française. Elle emmenait le maire pour lui servir de guide ; mais, M. Beauvallet déclara aux Prussiens que le général français, avant de partir, ne lui avait confié ni ses secrets, ni son plan, et qu'il n'avait en conséquence aucune indication à fournir. Après l'avoir gardé à l'avant-garde pendant plusieurs lieues, exposé aux balles que les trainards de l'armée française, cachés derrière les arbres, envoyaient aux éclaireurs ennemis, M. Beauvallet fut relâché et put rentrer chez lui. Après cette date, il ne s'est passé à Boiscommun aucun incident digne de remarque.

Un ordre parfait a présidé à la constatation de toutes les réquisitions ordonnées par la municipalité et commandées par les circonstances. L'ennemi s'est montré moins exigent et n'a pas ordonné le pillage.

Montbarrois.

La commune de Montbarrois n'a aperçu l'ennemi, pour la première fois, que le 23 novembre. Mais, avant cette date, la garde nationale de la commune s'était déjà mesurée avec les Allemands. En effet, une partie de cette milice était venue à Beaune le 20 novembre au matin, pour concourir à la défense de la ville, et quand le déploiement des forces ennemies eût prouvé que toute résistance était inutile, les braves habitants de Montbarrois se retirèrent au petit pas en contenant l'ennemi qui n'osa pas les poursuivre.

Le 23 novembre, ainsi que déjà nous l'avons vu, l'ennemi s'était établi à Beaune en force, et envoyait ses éclaireurs dans toutes les directions, afin d'obtenir des renseignements sur la marche et la position de l'armée française. Dans la nuit du 23 au 24, la commune fut sillonnée de patrouilles des deux armées ; ce rapprochement faisait prévoir un engagement prochain. Le lendemain, en effet, les Prussiens ayant montré quelques uhlans, le colonel Basserie, commandant le 2e lancier de marche, qui se trouvait de sa personne à Boiscommun avec deux escadrons, envoya une dizaine de lanciers français pour les charger ; ce fut rapidement fait. C'est alors qu'une masse considérable de cavalerie prussienne, cachée derrière un accident de terrain, s'ébranla toute entière à la poursuite de nos dix lanciers qui revinrent à toute bride dans les rues de Boiscommun où l'ennemi les suivit. Le colonel avait pris ses dispositions, et avec ses 150 hommes, il tomba comme la foudre sur les 7 ou 800 cavaliers ennemis que leur charge avait un peu débandés. En un clin d'œil, l'ennemi est ramené et les lanciers, colonel en tête, les poursuivent si vivement et de si près, que les lances pénétraient à toute minute dans le dos des Prussiens. Malheureusement, une balle frappant le cheval du colonel, l'animal s'abattait et le colonel, engagé sous la bête, fut livré sans défense à l'ennemi. Le voyant ainsi à terre, une quinzaine d'ennemis arrivent et s'acharnent sur lui ; il a la tête fracassée de vingt coups de sabre, lorsqu'un officier survient qui l'arrache à une mort certaine. Il n'avait dû son salut qu'au grand nombre de ceux qui le frappaient, les sabres au lieu de retomber sur la victime s'entrechoquant en l'air.

L'héroïque colonel Basserie fut ramené à Beaune, où il est resté quatre mois. Le soir du 24, un officier prussien racontant l'engagement de la journée, ajoutait : « Trop brave, le colonel, trop brave. »

Il est certain que c'est là un reproche que les Prussiens ne mériteront jamais.

A la suite de cette affaire, l'ennemi, furieux de son échec, revint à Montbarrois avec de l'infanterie, de la cavalerie et du canon. Les maisons voisines furent toutes fouillées, et les habitants qui y furent trouvés, brutalement emmenés pour être fusillés. Il était en effet bien juste que ces malheureux, complétement inoffensifs, et qui avaient été les témoins irresponsables du combat, apportassent à l'ennemi la satisfaction d'une vengeance facile. En pareil cas, le prétexte d'ailleurs ne manquait pas : c'étaient, disait l'ennemi, des francs-tireurs.

Neuf habitants et parmi eux l'instituteur étaient déjà en rang devant le peloton d'exécution, lorsqu'une grêle de balles envoyées par une compagnie d'infanterie française qui s'était avancée, vint suspendre le massacre.

Les Allemands firent placer devant eux leurs neuf victimes, dans l'espérance de les faire tuer par leurs compatriotes, quand l'approche des Français les fit fuir en toute hâte. C'est ainsi que les prisonniers furent délivrés. On nous saura gré, croyons-nous, d'avoir relaté cet incident qui peint si bien, avec la justice de l'ennemi, son courage et sa bravoure.

Le 24 au soir, le plateau sur lequel est situé Montbarrois était tout entier au pouvoir de l'armée française et l'ennemi ne tenta plus de s'en approcher. La situation resta calme jusqu'au 28, jour de la bataille de Beaune. Le soir de cette journée, l'armée française en retraite abandonnait Montbarrois et ne s'arrêtait qu'à Boiscommun. Puis, la retraite continuant, les Prussiens s'avancèrent et l'invasion dépassa nos pays.

Auxy.

Les Prussiens ont fait leur première apparition à Auxy le 19 novembre. En entrant dans le hameau du Veau, ils affirment leur valeur en assassinant à coups de sabre le nommé Leseur. Ils emmènent comme otages plusieurs habitants inoffensifs qu'ils renvoient après les avoir maltraités de la manière la plus odieuse. Ils se saisissent à Gondreville de Thillou, âgé de 18 ans, de Moïse Lambert, âgé de 32 ans, et et de Driard, âgé de 47 ans, qu'ils considèrent comme francs-tireurs. Les deux premiers faisaient partie des gardes nationaux ; quant à Driard, qui, de sa vie, n'avait porté une arme, c'est sur lui que la soldatesque allemande se rue avec le plus de fureur. Ces trois infortunés ont été fusillés à Egry.

La commune d'Auxy qui était regardée par les Prussiens comme recélant des francs-tireurs, eut à subir les épreuves les plus douloureuses. Il serait impossible de relater tous les excès commis par ces sauvages qui n'ont mis aucun frein à leurs exécutions.

On verra par le chiffre de ses pertes combien ont été lourdes pour la commune d'Auxy, les vols et les pillages qu'elle a été obligée de subir.

Egry.

C'est à coups de fusil que le 19 novembre 1870 les Prussiens furent reçus par les gardes nationaux de la commune d'Egry qui s'étaient embusqués dans les bois de la Rue Boussier, mais le lendemain, 500 cavaliers prussiens s'étant présentés, la résistance était impossible, l'occupation de la commune fut complète.

A partir de ce jour, la commune eut à subir les réquisitions les plus écrasantes, la plus petite maison n'avait pas moins de 25 à 30 Prussiens à loger. Tous les objets précieux étaient emballés dans les fourgons et les soldats attachés aux ambulances se faisaient remarquer par la plus grande rapacité.

Le 28, jour de la bataille de Beaune, les voitures de bagages opérèrent leur retraite sur Boësse jusqu'à 2 heures du soir; mais à partir de cette heure, de nombreux blessés venant du lieu de la bataille, étaient évacués dans la direction de Pithiviers. Le même soir, un corps considérable d'ennemis revint occuper Egry et y est resté jusqu'au 4 décembre.

Dans la nuit du 3 au 4 décembre, Etienne Barnault, de Brefontaine, fut assassiné par les Prussiens, et son corps jeté dans une mare.

C'est à Egry qu'un conseil de guerre a condamné à mort, comme francs-tireurs, Lambert et Driard, d'Auxy, et Thillou, de Juranville.

Depuis trois jours ces infortunés qui subissaient les tortures les plus rafinées, demandaient la mort à grands cris; suivant l'expression d'un témoin oculaire, des lambeaux de chairs pendaient le long des jambes de Driard. Enfin, le 22, Lambert, Thillou et Driard sont fusillés, c'était la fin de leur martyre.

Si aux yeux de ces Prussiens lâches et barbares, Thillou et Lambert étaient coupables d'avoir combattu pour la défense de la Patrie, quel crime avait donc commis Driard? Mais que pouvait-on attendre de nos civilisateurs qui dans leurs conseils de guerre sont tout à la fois accusateurs, jugés et bourreaux. Le sang de Driard innocent retombera sur ses assassins.

La commune d'Egry a éprouvé des pertes très-considérables dont le chiffre est fixé plus loin.

Barville.

Bien que des éclaireurs prussiens soient entrés dans Barville à deux ou trois fois différentes pendant les mois de septembre et octobre, l'occupation allemande n'a guère commencé pour cette commune que le 16 novembre.

Ce jour-là, vers 9 heures du soir, 30 dragons s'arrêtent à 300 mètres du bourg, quelques uns se détachent pour reconnaître la position et entrent ensuite à Barville. Après être restés quelques instants devant la porte de la Mairie, ils se dirigent sur Pithiviers.

Le 17, à 8 heures du matin, 27 dragons passent à Barville en se dirigeant sur Beaune-la-Rolande, mais reçus à coups de fusil à leur approche de cette ville, ils s'enfuient à travers champs vers leur camp de Pithiviers.

Le 19, trois uhlans qui arrivaient de Beaumont et qui appartenaient à l'armée de Frédéric-Charles sont reçus à coups de fusil à 500 mètres de Barville. C'était la garde nationale qui faisait le service. Mais, quelques instants après, un escadron de cavalerie arrive à travers champs pour fondre sur le village. La garde nationale, sous les armes, les attendait sur la route. Un étranger inoffensif, gendre du sieur Quinot, est tué à bout portant. Les gardes nationaux, après avoir fait une décharge sur l'ennemi, voyant que la résistance est inutile en présence des forces considérables des Prussiens, opèrent leur retraite en bon ordre sur Barville. Un pauvre enfant âgé de 13 ans, qui n'avait aucune arme, Hippolyte Quinot, est assassiné par un dragon prussien qui lui envoie, à bout portant, une balle dans la poitrine.

Les Prussiens, après la retraite des gardes nationaux, se répandent dans toutes les maisons de Barville, sous le prétexte d'y rencontrer les francs-tireurs ; ils jugent à propos de tuer un jeune homme de 18 ans, Adolphe Rappart, qui se trouvait sans arme, à l'entrée du pays. Après avoir traversé Barville, ils s'arrêtent à la jonction des routes de Pithiviers, Beaune-la-Rolande et Beaumont, pour fusiller, en guise de divertissement le nommé Goudou-Didier, toujours sous prétexte qu'il était franc-tireur. Ce malheureux homme laisse une femme et deux enfants en bas âge. L'escadron de dragons dont nous venons de parler est bientôt suivi d'une compagnie de fantassins qui incendie le village des Garennes et les maisons de la veuve Millet et des sieurs Foiry et Popelin. Bâtiments et meubles, tout est réduit en cendres. Les Prussiens ne permettaient pas qu'on s'approchât du foyer de l'incendie pour l'éteindre. Pigneau-Dupeu, ayant voulu porter secours aux malheureux incendiés, fut conduit à coups de sabre jusqu'au hameau des Garennes pour y être brûlé vif. Il parvint à s'échapper et à éviter une décharge de coups de fusil à son adresse.

Toutes les armes de la garde nationale furent brisées devant la porte de la Mairie.

A partir du 20 jusqu'au 28 novembre, la commune de Barville eut à subir les allées et venues des hordes prussiennes, et toutes les réquisitions qui en étaient la conséquence. Le 20, plus de 25,000 allemands de toutes armes défilèrent dans la rue depuis 8 heures du matin jusqu'à 4 heures du soir, plus de 1,000 voitures particulières, *volées*, suivaient le corps d'armée.

Le 28, tous les Prussiens qui occupaient encore Barville

partirent à 8 heures du matin pour la bataille de Beaune-la-Rolande, et ils furent remplacés par des troupes de réserve venues de Pithiviers et des environs.

Le soir de la bataille, 30,000 Prussiens firent irruption dans les habitations, qui avaient été presque toutes abandonnées, et ne trouvant plus d'obstacles à leurs instincts de vol et de pillage, toutes les portes furent brisées et les serrures des meubles fracturées. Une partie de leurs blessés fut recueillie dans l'hospice de Barville, mais le lendemain tous étaient évacués sur des destinations inconnues.

Le 29, les troupes qui occupaient Barville firent place à l'artillerie qui est restée dans la commune jusqu'au 2 décembre. Pendant ce cours délai de 4 jours, l'artillerie occupa ses loisirs à piller, à brûler les meubles qui restaient encore et à se promener dans les rues avec les surplis, les chappes et l'ostensoir qu'ils avaient volés dans l'église. La pierre sacrée du maître autel a été emportée et brisée. Le curé de la paroisse, arrêté comme otage, a été emmené à Chambon et relâché après avoir subi les plus barbares traitements; il est resté aussi plusieurs jours sans nourriture. Une partie des habitants ont été littéralement ruinés. Les pertes de la commune, qui seront indiquées ci-après, sont considérables.

Batilly.

Les communes de Batilly et de St-Michel n'en forment pour ainsi dire qu'une seule. Les faits particuliers de l'une s'appliquent pour la plus grande partie à l'autre.

Le chemin de César forme la principale rue de la commune. C'est par cette voie que les Prussiens ont exécuté leurs marches et contre-marches. Aussi, forcés par leur itinéraire tracé sur leurs cartes de circuler fréquemment sur le chemin Romain, comme ils l'appellent, il n'est pas étonnant que la commune de Batilly ait éprouvé des pertes considérables par les vols et le pillage.

Chambon.

Par sa position, au milieu des bois, la commune de Chambon n'eut pas à subir les visites prussiennes jusqu'au moment de l'armistice, mais à partir de ce moment, elle fut sillonnée d'éclaireurs qui n'avaient plus de coups de fusil à redouter. Elle dut subir des réquisitions dont le chiffre, qui sera indiqué plus loin, ne peut être mis en comparaison avec les pertes énormes des autres communes du canton.

Chemault.

Par sa proximité des bois, la commune de Chemault a été préservée des visites de l'ennemi.

Mais la commune a été obligée de contribuer dans les réquisitions fixées après l'armistice. Le chiffre de ses pertes est relativement minime.

Gaubertin.

La commune de Gaubertin a été moins maltraitée par l'ennemi, que sa voisine la commune d'Egry.

Lorsqu'une population de 500 habitants subit des pertes pour un chiffre qui dépasse 80,000 fr., il est facile de comprendre que le pillage et les exactions de toute nature ont eu un libre cours.

Montliard.

L'ennemi n'a pas envahi la commune de Montliard qui se trouvait naturellement défendue contre les éclaireurs prussiens par un grand nombre de bosquets qui entourent les nombreux hameaux de la commune.

Elle a contribué pour une faible part dans les réquisitions régulières.

C'est M. Driard, maire de Montliard, qui a pris l'initiative de faire réglementer, dans le canton de Beaune-la-Rolande, les réquisitions de l'ennemi. Après la bataille du 28 novembre, le canton était à la discrétion de l'ennemi. 20 à 30 Prussiens, armés de fusils et suivis des voitures nécessaires, se présentaient aujourd'hui dans une commune, demain dans une autre, et faisaient une razzia complète dans la maison qui avait le triste honneur de recevoir leur visite. C'est cet état de choses, qui avait eu déjà dans plusieurs maisons des conséquences graves, qui a cessé grâce à une convention acceptée pour les réquisitions à fournir par toutes les communes du canton.

Nibelle.

Les Prussiens sont venus à deux fois différentes dans la commune de Nibelle sans s'y arrêter. Nibelle est entouré de bois et à proximité de la forêt d'Orléans, aussi une vive inquiétude se peignait sur les visages des éclaireurs.

Les pertes subies par la commune de Nibelle sont minimes.

C'est dans la propriété de Flottin, commune de Nibelle, que le 1er juillet 1871, M. le brigadier André, de la brigade de Beaune-la-Rolande, découvrait 3,000 cartouches et 3 caisses de fusils Spencer que le colonel Guillot et le commandant Pignot y avaient fait enfouir à l'approche des Prussiens.

Ces munitions et ces armes que les délégués choisis par M. Gambetta avaient rapportées de Tours ont été perdues pour la défense.

Par décret du 12 octobre 1871, M. le brigadier André a reçu la médaille militaire.

Saint-Loup-les-Vignes.

L'ennemi, en se dirigeant sur Boiscommun, fait sa première apparition à St-Loup le 23 novembre. Le 24, le canon se fait entendre du côté de Ladon, et bientôt les Prussiens qui avaient été battus se replient sur Mézières et Fréville. Des uhlans s'avancent en reconnaissance pour découvrir les éclaireurs français. A partir du 25 jusqu'au 28, jour de la bataille, on voit arriver d'abord 2,000 gardes mobiles et francs-tireurs, mais sans artillerie, et ensuite plusieurs bataillons français avec deux batteries de 12, une section de 8 et une section de mitrailleuses. Le 28, dès 7 heures du matin, les batteries françaises donnent le signal de l'attaque. Les mobiles des deux Sèvres, du Haut-Rhin, de la Savoie, font une charge brillante à la baïonnette sur l'ennemi qui est refoulé sur Beaune-la-Rolande; à 2 heures, le feu des batteries françaises cessa, l'action se concentrant sur Beaune, et le soir nos troupes opérèrent leur retraite sur Boiscommun et Bellegarde. St-Loup fut réoccupé par l'ennemi jusqu'au 2 décembre, ce jour-là, les Prussiens se sont retirés sur Beaune-la-Rolande où un corps d'armée était concentré.

Un honorable habitant de St-Loup, M. Chesnoy, a été frappé de nombreux coups de bâton sur l'ordre d'un officier prussien et laissé pour mort sur le lieu de l'exécution. M. Chesnoy, qui avait été réquisitionné pour opérer des transports, était coupable d'avoir abandonné son cheval et sa voiture pour se soustraire à la vie errante à laquelle il était condamné.

C'est à Arquemont, commune de St-Loup, chez le sieur Tondu, vigneron, que le 20 novembre, après le premier coup de canon tiré par les Prussiens, les trois délégués (1) de la défense nommés par M. Gambetta sont accourus, frappés d'une terreur illégitime, se déguiser en paysans, en abandonnant leurs soldats à la grâce de Dieu.

Le chef-lieu de la commune de St-Loup a beaucoup souffert des exigences prussiennes pendant les quelques jours que l'ennemi l'a occupé, mais plusieurs hameaux qui se trouvent entourés de haies n'ont pas été souillés de sa présence.

Nancray.

La commune de Nancray peut compter parmi celles qui ont été le plus cruellement éprouvées pendant l'invasion allemande.

Dès le 20 novembre des éclaireurs français ayant signalé une colonne prussienne venant de Boynes et se dirigeant sur

---

(1) Les trois délégués étaient : 1º M. Guillot, ancien sous-lieutenant du train des équipages à Sedan, élevé au grade de lieutenant-colonel commandant les arrondissements de Pithiviers et Montargis; 2º M. Pignot, percepteur des contributions à Beaune-la-Rolande, nommé commandant supérieur des gardes nationaux de Beaune-la-Rolande et de Bellegarde; 3º et enfin un 3e personnage que les gardes nationaux nommaient le général, qui se donnait le titre d'ingénieur et dont le nom véritable est Boscredon, pharmacien à Castel-Sarrazin (Tarn-et-Garonne).

Nancray, 120 gardes nationaux de la commune résolurent de défendre l'entrée du village. Le général Cathelineau, qui se trouvait dans les environs, intervint avec 500 francs-tireurs et 100 chasseurs ; les Prussiens sont battus et se replient sur Courcelles et Boynes, en laissant 29 hommes tués ou blessés. Les francs-tireurs n'eurent qu'un homme blessé.

Les habitants de Nancray se voyaient déjà débarrassés des Prussiens, mais au bruit de la fusillade du matin, une heure après l'engagement, 2,500 hommes venant de Boynes et 3,000 accourant de Beaune, de Barville et des environs, infanterie, cavalerie et artillerie, se mettent à la poursuite des francs-tireurs qui se trouvaient dans les bois, entre Nancray et Chambon ; les francs-tireurs opposent une vive résistance ; enfin, vaincus par le nombre et surtout par les renforts de l'armée ennemie qui se succédaient à chaque instant, ils se replient sur Chambon. Les pertes des Prussiens ont dû être considérables, mais il a été impossible de les constater. De nombreuses voitures d'ambulances suivaient les colonnes et recueillaient après la bataille les blessés et les morts. Le combat a cessé à six heures du soir, et l'ennemi est entré dans Nancray.

Un engagement avait eu lieu précédemment sur la place du Bourg, entre les Prussiens et plusieurs éclaireurs français. L'armée française était alors campée à Chambon et à Nibelle.

Le 29 novembre, dix mille Prussiens occupaient la commune, et comme l'ennemi s'attendait à une attaque, Nancray fut mis par eux en état de défense : créneaux, barricades, tranchées, lignes de retraite, rien ne fut oublié, plusieurs batteries de canons et de mitrailleuses étaient sur la place publique, mais le 30 le combat s'est engagé dans la plaine, entre Nancray et Chambon, et pendant la journée entière le canon ne cessa de tonner et la fusillade de se faire entendre. Les pertes de l'ennemi furent énormes, si on en juge par les nombreuses voitures d'ambulance que l'on remarquait sur le champ de bataille.

Le 3 décembre, les Prussiens se sont retirés.

Les souffrances morales, outre les pertes matérielles qu'auront à subir les habitants de Nancray, du 29 novembre au 3 décembre, ne pourraient s'exprimer. Une grande partie d'entr'eux ne possèdent plus la moindre parcelle de leur mobilier ; presque tous furent battus.

M. Pignault, maire de Nancray, fut arrêté comme otage parce qu'il ne voulait fournir aucun renseignement sur l'armée française et conduit au lieu du combat. Morts et blessés tombaient à ses côtés.

Courcelles.

On peut ranger la commune de Courcelles parmi celles qui ont été le théâtre des engagements les plus sérieux du 20 novembre au 3 décembre et qui ont subi la plus grande part du le pillage et des réquisitions ordonnées par l'ennemi.

Dès le 20 novembre, les Prussiens se dirigeant sur Nancray passent à Courcelles, mais reçus à coups de fusil par des francs-tireurs qui se trouvaient à la Neville, ils se replient sur Boynes. Deux cavaliers prussiens reviennent à Courcelles et l'un d'eux décharge son mousqueton, à bout portant sur un groupe d'habitants inoffensifs qui se trouvait sur la route ; deux sont blessés dont un mortellement.

Le même jour, deux mille hommes d'infanterie se dirigent sur Beaune-la-Rolande.

A partir de ce jour jusqu'au 28, la commune fut sillonnée fréquemment par l'ennemi qui venait régulièrement faire des vols de vivre et de fourrage.

Le 28, le bruit du canon et la fusillade annonçaient qu'une grande bataille se livrait à Beaune-la-Rolande et que l'armée française gagnait du terrain, on voyait avec joie un succès pour notre cause, mais le soir plusieurs colonnes ennemies se déployèrent autour de Courcelles Le commandant Domalain, à la tête de la légion bretonne, arrive d'Ingrannes, prend position dans Courcelles et accueille l'ennemi par une fusillade vive et bien nourrie. On se battait à bout portant. Parfois à un « qui vive ? » on répondait : France, — ami ne tirez pas ; ou bien encore : francs-tireurs. — Le docteur est-il là ? Mais la pointe d'un casque montrait la trahison et quelques balles venaient châtier ces adversaires déloyaux ; il a été constaté qu'ils se sont servis de nombreuses balles explosibles.

Après un combat acharné, l'ennemi a ralenti son feu et s'est mis en pleine déroute. Le lendemain les Prussiens, au nombre de cinq mille, campés à deux kilomètres de Courcelles, envoyaient demander par parlementaire à faire enterrer leurs morts. Leurs pertes étaient nombreuses. De notre côté nous avons eu un officier tué, trois officiers blessés, un adjudant et sept soldats également blessés et huit hommes tués. Dans cette affaire se sont particulièrement distingués le commandant Domalain, la 5e compagnie de la légion bretonne, capitaine Bieth, la 1re et la 6e compagnie des Bretons, le capitaine de la Villeaucomte, le capitaine Bourde, le lieutenant Blanc, de la 4e compagnie des francs-tireurs provençaux. Un fait à signaler : après une charge à fond exécutée par les nôtres, un officier prussien revient avec ses troupes en colonne de route et commande en français : « allons, serrez vos rangs, doublez les files, marche ! » Un lieutenant français et ses hommes faillirent tomber dans ce guet-à-pens.

Dans la nuit du 29 au 30, au moment où la commune se croyait débarrassée de l'ennemi, dix mille Prussiens (infanterie, cavalerie et artillerie) firent irruption dans Courcelles et y restèrent jusqu'au 3 décembre. Pendant ce temps la commune fut livrée au pillage le plus complet, toutes les maisons furent dévalisées et les fourgons étaient toujours prêts pour enlever les objets les plus précieux.

A partir du 3 décembre jusqu'au moment de l'évacuation du département, la commune eut encore à subir le passage de l'ennemi qui se retirait. Le 14 mars, le château de Courcelles eut le triste honneur d'abriter le grand duc de Mecklembourg Scheverin.

Saint-Michel.

L'ennemi arrive à St-Michel le 23 novembre et établit ses postes sur la place de l'Eglise, à Gabveau, au Château, à Sardinave et au Pressoir. Après avoir crénelé les murs du cimetière, les Prussiens s'embusquent dans cette position et soutiennent, le 26 novembre, un combat d'avant-postes avec nos soldats qui étaient embusqués à Montbarrois. Le 28, le combat se renouvelle. Le même jour, l'ennemi se fortifie dans le bourg et principalement à Sardinave, mais à 8 heures, il se retire devant l'armée française en laissant un prisonnier entre les mains de deux habitants du hameau. Le 29, après la bataille de Beaune-la-Rolande, les Français se replient sur Boiscommun et laissent dans la commune cent blessés de la veille et parmi eux le colonel Boisson, blessé mortellement, qui expire le 2 décembre au château de St-Michel. Le même jour, les Prussiens, ivres de sang et de poudre, rentrent à St-Michel à 11 heures du soir, et se montrent cruels dans leurs exigences envers les habitants. Les 30 novembre, 1er et 2 décembre, des combats s'engagent entre les Prussiens et les Français qui étaient campés à Boiscommun ;

une batterie prussienne était établie près de l'école. Les 2, 3 et 4 décembre, l'ennemi organise un pillage en règle, à chaque porte d'habitation un fourgon recevait tous les objets volés. C'est le 5 décembre que le Prussien s'est retiré.

M. Huré, meunier, maire de la commune, avait arrêté son moulin à l'approche de l'ennemi. Ce simple fait est regardé par les Prussiens comme un signal donné à l'armée française, et sans les combats quotidiens qui se sont livrés à St-Michel, M. Huré eût été fusillé.

M. le curé a été frappé à coups de sabre, sous le prétexte qu'il était franc-tireur. M. Joly, instituteur, et sa femme, sont chassés de leur maison, et comme Mme Joly qui tenait son jeune enfant dans ses bras ne voulait pas quitter son habitation, un Prussien, pour vaincre sa résistance, voulait tuer son enfant.

Des ambulances ont été établies avec l'empressement le plus généreux chez M. Joly, instituteur, au château, chez M. de St-Michel, et à Gabveau, chez M. Huré, maire.

Nous terminons cette relation en faisant connaître la part des pertes afférente à chaque commune du canton.

Etat des pertes subies par les 19 communes du canton de Beaune-la-Rolande par suite de vols, pillage, réquisitions ordonnés par les Prussiens pendant l'occupation du canton en 1870-1871, et arrêtées par la commission cantonale.

En regard du chiffre des pertes nous rappellerons la population de chaque commune.

	Commune	Populations	Pertes
1	Beaune-la-Rolande	1,962	674,459 fr.
2	Auxy	1,526	215,643
3	Barville	570	230,227
4	Batilly	837	109,326
5	Boiscommun	1,237	87,681
6	Bordeaux	254	54,430
7	Chambon	975	7,379
8	Chemault	484	6,942
9	Courcelles	590	84,839
10	Egry	641	163,199
11	Gaubertin	507	81,963
12	Juranville	805	199,309
13	Lorcy	744	76,742
14	Montbarrois	550	30,624
15	Montliard	405	2,345
16	Nancray	1,027	144,445
17	Nibelle	1,286	1,507
18	Saint-Loup	701	14,690
19	Saint-Michel	295	32,399
	Ensemble	15,173	2,222,859 fr.

Pithiviers, Imp. CHENU.